L'ENSEIGNEMENT SUPÉRIEUR

ET

L'ENSEIGNEMENT TECHNIQUE

EN FRANCE

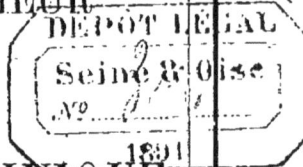
GROUPES UNIVERSITAIRES

FACULTÉS, ÉCOLES SPÉCIALES, TECHNIQUES, Etc.

PAR

PAUL MELON

PARIS

LIBRAIRIE CLASSIQUE ARMAND COLIN ET Cie

1, 3, 5, RUE DE MÉZIÈRES

1891

L'ENSEIGNEMENT SUPÉRIEUR

ET

L'ENSEIGNEMENT TECHNIQUE

EN FRANCE

OUVRAGES DU MÊME AUTEUR

De Palerme à Tunis par Malte, Tripoli et la Côte. 1 volume in-12. PLON et NOURRIT, 1885.

L'Allemagne chez elle et au dehors. 1 volume in-12. PLON et NOURRIT, 1888.

Les Allemands en Alsace-Lorraine, br. 1887. Librairie de la *Nouvelle Revue*.

La Nécropole Phénicienne de Mehdia, broch. 1884. ERNEST LEROUX.

L'Alliance française et l'enseignement français en Tunisie et en Tripolitaine, broch. 1885. DENTU.

7180-91. — CORBEIL. Imprimerie CRÉTÉ.

L'ENSEIGNEMENT SUPÉRIEUR

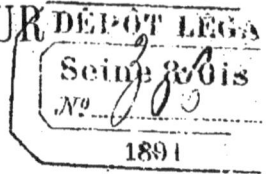

ET

L'ENSEIGNEMENT TECHNIQUE

EN FRANCE

GROUPES UNIVERSITAIRES

FACULTÉS, ÉCOLES SPÉCIALES, TECHNIQUES, Etc.

PAR

PAUL MELON

PARIS

LIBRAIRIE CLASSIQUE ARMAND COLIN ET Cie

1, 3, 5, RUE DE MÉZIÈRES

—

1891

PRÉFACE

Il est bon quelquefois de dresser son bilan et de faire le relevé de ses richesses. A grouper dans un tableau synoptique les éléments épars de sa fortune, on gagne d'avoir une notion exacte de ce que l'on possède, et l'on se rend mieux compte du chemin déjà parcouru ou de celui qui reste à faire. Si ces éléments sont dispersés, disséminés, la mesure est non seulement d'ordre mais encore de nécessité.

Telles sont les raisons qui nous ont déterminé à réunir dans un même cadre toutes les ressources de notre enseignement supérieur.

Comme son organisation diffère de celle qu'il a reçue ailleurs, et qu'au système de vastes corporations scientifiques nous avons préféré celui des écoles spéciales, il est plus difficile d'en saisir l'ensemble. Car l'œil, arrêté à chaque instant par des divisions ou des classements plus ou moins arbitraires, a peine à retrouver, au milieu d'une multiplicité de constructions d'âge, de proportions et de but différents, le principe d'unité qui apparaît avec tant d'éclat dans la façade universitaire derrière laquelle s'abrite la variété infinie des branches du savoir humain. Par leur outillage, la précision de leur méthode, la rigueur et la profondeur de leur enseignement, nos écoles sont des instruments de culture de premier ordre et des plus énergiques; mais parquées dans leur domaine, vivant d'une vie séparée

a

et indépendante, elles ne sont que des départements de l'enseignement. Pour en avoir donc une notion exacte, c'est un total qu'il faut faire.

———

Cette organisation s'explique par des raisons historiques. Quand la Constituante supprima d'un coup les 22 Universités qui jusqu'à la Révolution avaient été les organes de l'enseignement supérieur, les hommes qui avaient mission d'élaborer le programme de l'avenir se préoccupèrent de créer de vastes foyers de culture, où seraient réunis tous les instruments d'études. C'est ainsi que Condorcet et Talleyrand tracèrent les plans d'un vaste Institut enseignant, d'écoles encyclopédiques, où toutes les matières de l'Enseignement supérieur, mathématiques, sciences physiques, sciences politiques et morales, beaux-arts et arts mécaniques, auraient été groupées suivant leurs affinités naturelles et auraient eu leurs maîtres et leurs disciples. Malheureusement, la vertigineuse rapidité avec laquelle hommes et choses se pressaient à cette époque, les incertitudes d'une opinion plus désireuse de progrès qu'habile à en discerner les conditions nécessaires, ne permirent pas de réaliser ce programme. De plus on était las de la forme dans laquelle s'était exprimé jusqu'alors l'enseignement supérieur, et l'on cherchait quelque chose de nouveau à mettre à la place de ce qui venait de disparaître. Depuis longtemps les anciennes Universités n'étaient plus à la hauteur de leur double mission, qui est de faire de la science et de la répandre ; leur type était tombé dans le discrédit le plus complet. Leur nom ne rappelait plus que des organismes pétrifiés où ne circulait aucune sève et où de criants abus s'ajoutaient parfois à l'ignorance professionnelle ; car, repliées sur elles-mêmes, fermées à toute innovation, ces écoles de haute culture dressaient comme un défi, aux besoins de progrès qui travaillent les sociétés, les barrières de l'esprit corporatif. On se rappelait qu'aux temps de François Ier elles avaient refusé d'assurer une place à des enseignements nouveaux, et que devant l'opposition systématique de la Faculté des Arts de Paris le roi avait été obligé de créer en dehors de l'Université le Collège de France. Le grand mouvement d'idées qui remuait alors le monde expira à leurs portes, et la Renaissance qui avait posé au front de toute chose son rayon lumineux ne put même pas leur prêter pour un instant un semblant de vie. Loin de là, à partir de ce moment leur chute ne fut que plus rapide et plus profonde, car elles perdirent alors l'unité et le support que leur avait donné l'esprit théologique au moyen âge, sans se laisser pénétrer par l'esprit nouveau qui soufflait de toutes parts et était l'esprit de la science. Au xviiie siècle elles se trouvent dans une opposition singulière avec les idées nouvelles qui font tressaillir la société française. Calfeutrées et engourdies elles végètent misérablement sans action, sans autorité et déchues de leur prérogative d'être les directrices de la pensée nationale. Dans ces conditions-là, comment pourraient-elles servir de modèle ou de moule aux projets nouveaux? L'écart est trop grand. De toutes parts s'élève contre elles un vent de tempête. Les cahiers des états généraux, qui se réunissent en 1889, sont remplis de plaintes et de griefs. L'opinion publique réclame leur réforme ou mieux leur disparition. Aussi, quand le problème de la reconstitution de l'enseignement supérieur se pose devant les assemblées législatives, sont-elles impuissantes à donner sa formule. Que faire? L'embarras est considérable. Le souvenir d'un passé condamné pèse sur la liberté de discussion. La Convention veut bien assurer à l'enseignement supérieur le rôle que les idées de progrès et la philosophie du xviiie siècle lui assignent, mais elle hésite à ressusciter ces organismes vieillis et desséchés dont la suppression a excité si peu de regrets. Pendant plusieurs années la question reste à l'étude : on argumente, on compare, on discute, puis sur la fin de la législature, comme le temps presse et qu'on est dans l'impossibilité d'élever, sur une table rase, l'édifice aux proportions colossales que l'on avait rêvé, on tranche la difficulté en s'arrêtant à un système qui est la négation même de celui qu'on a ambitionné. On avait élaboré des projets grandioses, le plan de quelqu'Institut encyclopédique, et l'on adopte le système des écoles spéciales. Le mode de notre enseignement supérieur est désormais fixé. L'ordre dispersé remplace l'ordre compacte. De grands établissements indépendants, occupant chacun un coin déterminé du champ scientifique et y travaillant en toute liberté, sont les organes de la science. Ils se forment suivant les lieux et les circonstances par des créations successives, et la loi de leur développement n'est pas celle qui préside à l'accroissement d'un organisme où tout se produit sous l'action d'une force interne agissante.

Fidèle au principe qu'elle vient de poser, la Convention assigne au Muséum agrandi et enrichi la direction des sciences de la nature, au bureau des longitudes celle de l'astronomie française, et fonde avec le Conservatoire des Arts et Métiers un Institut pour les sciences appliquées. Elle continue son œuvre par la création d'un certain nombre d'écoles ou l'adaptation de celles qui existent à des études spéciales. Elle crée l'école des langues orientales vivantes et pourvoit à la préparation aux carrières scientifiques ou au professorat de l'enseignement secondaire par l'École polytechnique et l'École normale. Préoccupée pourtant des nécessités de l'enseignement supérieur, elle laisse au Collége de France le rôle que lui avait assigné François Ier. Il représente la libre recherche scientifique, tandis que au-dessus de tout plane l'Institut, qui a pour mission de garantir l'unité de la culture scientifique et littéraire, et est investi d'une espèce de magistrature suprême.

La main de la Convention était trop puissante pour que le type qu'elle avait créé ne lui survécût pas. Après elle, les gouvernements qui se succédèrent ajoutèrent à son œuvre en continuant ses errements. Le Consulat fonda de nouvelles écoles spéciales pour le droit et la pharmacie, et l'Empire, qui restaura sous les noms de Facultés des sciences et des lettres les anciennes Facultés des Arts, ne s'éloigna guère du modèle laissé par la Convention; il en dota Paris, Mont-

pellier, Caen, Toulouse, Grenoble, et leur assigna le rôle de
former des professeurs et de délivrer des diplômes. Les
régimes qui suivirent témoignèrent à leur tour de leur
intérêt pour l'enseignement supérieur, et apportèrent chacun leur pierre à l'édifice qui se construisait. La monarchie
des Bourbons décréta, en 1821, l'organisation de l'école
des Chartes; celle de 1830 institua l'école d'Athènes, et
érigea de nouvelles facultés en province; l'Empire y ajouta
encore et créa, sous l'heureuse inspiration de M. Duruy,
l'école pratique des Hautes Études qui marque le point de
départ d'une véritable révolution.

Ainsi se développait graduellement, comblant ses lacunes,
complétant parcelle après parcelle le défrichement du champ
scientifique, l'enseignement supérieur français. Il multipliait
ses organes au fur et à mesure de ses besoins, et provignait
en abondance. Ce n'était pas un arbre séculaire, à la riche
frondaison, sur les rameaux duquel venaient se greffer des
espèces nouvelles, mais une pépinière de boutures vivaces se
développant dans une complète indépendance. Les services
que les écoles spéciales ont rendus aux lettres et aux sciences
françaises sont tellement éminents et il est sorti de leur sein
un si grand nombre d'hommes dont s'enorgueillissent nos
annales intellectuelles, qu'il y a mauvaise grâce en vérité à
critiquer un système qui a donné de pareils résultats. Il ne
faut pas oublier, en effet, que ces écoles qui portent des
noms fameux sont un des produits de l'esprit français, et que
par elles notre enseignement supérieur a acquis ces qualités
de précision et de netteté qui sont sa force et son honneur.
Quelques-unes d'entre elles sont uniques en Europe et toutes
méritent un crédit auquel l'étranger est le premier à rendre
hommage. Véritables séminaires de la science, elles ont joué
un grand rôle dans le passé, et dans l'avenir elles sont destinées à perpétuer au sein de nos universités renaissantes la
réputation de solidité dont jouissent les études françaises.
Là, en contact avec les courants qui se dégageront du
foyer central, elles seront le laboratoire fortement orga-
nisé où, avec la discipline propre à chacune d'elles, maîtres

et élèves creuseront les problèmes dans leurs dernières profondeurs. Elles seront ainsi un complément nécessaire et imprimeront à notre enseignement supérieur agrandi, vivifié, rajeuni, un caractère particulier et profondément national.

On comprend pourtant qu'à une époque où les problèmes d'éducation nationale et de rayonnement scientifique sont d'une importance capitale, où la lutte est partout, où l'effort est constant, où la dure loi de la vie exige une organisation toujours plus savante et plus méthodique, une question se soit posée et l'on se soit demandé s'il ne convenait pas d'utiliser les forces latentes qui sommeillaient dans des facultés éparses, et d'accroître par le groupement leur énergie lumineuse.

La loi de gravitation universelle se vérifie dans tous les domaines, et il est évident que, toutes choses égales d'ailleurs, la puissance d'attraction d'un grand centre constitué pourvu de tous ses organes sera tout autre que celle de petits corps isolés indépendants et sans liens avec leurs voisins.

L'intérêt de la science appelait aussi la même solution. Alors que les plus belles conquêtes se font dans les régions indécises qui servent de limite réciproque à ses domaines respectifs, il n'est pas indifférent que son enseignement se fractionne et se localise dans une série de compartiments séparés, au risque de s'y cristalliser, ou que le même sang circule à travers un organisme unique pour y apporter la chaleur et la vie.

Aujourd'hui que toutes les sciences se prêtent un mutuel appui, que la chimie vient en aide à la médecine, et l'histoire à l'étude du droit, que la méthode expérimentale est le complément nécessaire de l'observation, comment ne pas reconstituer ces anciens foyers d'études où les rayons se réunissent en faisceaux, et former à côté des écoles spéciales, où le champ de la vision est nécessairement fragmenté, des centres où les enseignements se pénètrent dans une union féconde et créatrice.

C'est précisément la tâche que l'on s'est proposée dans ces quinze dernières années. Par une série de mesures s'ordonnant toutes vers une même fin, sans précipitation mais avec une conscience très nette des moyens et du but, on a préparé peu à peu le terme vers lequel se hâte la dernière évolution. Tout le monde y a collaboré, car si les sacrifices sont la meilleure preuve de sympathie, il est peu d'œuvres en France qui aient été plus nationales. Les ministres qui se sont succédé depuis 1875 ont tous ajouté quelque chose à ce qu'avaient fait leurs prédécesseurs; les uns ont créé les bourses de licence, les autres les bourses d'agrégation; ils ont, en 1880, reconstitué le Conseil supérieur de l'instruction publique, et, en 1885, donné aux facultés une constitution qui leur assure avec l'unité les avantages d'une large indépendance. Désormais, elles sont personnes civiles, elles peuvent recevoir des legs et des subventions, elles exercent un contrôle incessant sur leurs propres affaires; elles élisent leurs doyens, elles délibèrent sur leurs budgets; elles sont maîtresses d'arrêter leurs programmes, sous la seule condition de se conformer aux exigences des examens; elles ont chacune une assemblée et un conseil investis d'attributions distinctes; enfin, pour traiter des intérêts communs à toutes les facultés du même centre, elles envoient des délégués à un conseil général qui se réunit sous la présidence du recteur. En fait, elles sont groupées aujourd'hui en universités; le nom officiel leur manque encore, mais la chose existe, et c'est là l'essentiel. Les éléments de cette réforme existaient, car il y avait des facultés de droit, de médecine, de lettres et de sciences qui vivaient côte à côte; il n'a pas suffi pourtant de faire disparaître les cloisons qui les parquaient, ou de les rapprocher l'une de l'autre, pour rétablir le contact et créer leur unité morale. L'amour est nécessaire à la vie, et il a fallu plus que des décrets officiels pour opérer une pareille métamorphose.

Le rôle de nos Facultés des lettres et des sciences, qui sont cependant les facultés savantes par excellence, ne

répondant point exactement dans notre organisation au but
même qu'elles ont mission de poursuivre, elles étaient dé-
laissées ; leur état matériel était voisin de l'indigence et leurs
ressources insuffisantes ; même dans nos écoles de médecine
et de droit il y avait à réparer bien des négligences fâcheuses.
Il a donc fallu repeupler ici et doter là, élargir les cadres,
créer des enseignements nouveaux, donner enfin à la science
une installation en rapport avec sa fonction vitale dans une
société démocratique comme la nôtre. C'est une belle page
de notre histoire contemporaine, que la série d'efforts faits
pour atteindre ce résultat. Sous le décousu apparent de
notre vie parlementaire et politique, l'œuvre a été conduite
avec une conscience du but visé et une persévérance tout
à fait admirables. Paris a pu donner le branle, mais la
province a suivi ; les grandes comme les petites villes ont
fait des sacrifices considérables, Lyon a dépensé 7 millions, Bordeaux 3, Grenoble a donné pour ses facultés
720,000 francs, et Caen près de 900,000. Dans cette France
traitée si légèrement souvent au dehors, par des gens qui
l'ignorent, malgré les charges effroyables d'une guerre
malheureuse et les soucis de l'avenir, il s'est trouvé des
villes de troisième ordre qui ont voté des millions et grevé
leurs budgets pour doter la science. Ici l'initiative des muni-
cipalités ou des conseils généraux a créé des chaires de langue romane, d'espagnol, de flamand, de celtique, là on a
fondé des observatoires, créé des stations agronomiques ou
météorologiques, partout on a mis à la disposition des élèves
des laboratoires de recherches et d'études et enrichi les
bibliothèques. Lyon possède aujourd'hui, avec Bonn, la
plus belle et la plus vaste faculté de médecine qui existe.
Bordeaux a construit, pour loger ses facultés, de véritables
monuments. Lille est en train d'édifier une véritable cité
universitaire. Ces façades monumentales trahissent déjà les
préoccupations des promoteurs du mouvement. Cependant,
pour se rendre bien compte de ce qu'ils ont voulu, c'est à
l'intérieur de ces palais qu'il faut pénétrer. Partout ce ne
sont que des ateliers aménagés pour l'enseignement et

l'étude, laboratoires de recherches et d'enseignement, collections, bibliothèques, salles d'études et de conférences ; partout laboratoires, collections et bibliothèques sont pourvus de l'outillage et du matériel nécessaires ; partout se presse une jeunesse studieuse qui, dans un commerce plus intime avec ses maîtres, s'assimile les procédés et les méthodes scientifiques. Paris, Lyon, Bordeaux, Montpellier, Toulouse, Lille devenus de grands foyers d'études, se sont rapprochés de Paris. A la Sorbonne nous avons la première école de mathématiques du monde et des écoles de sciences naturelles et d'histoire dont la physionomie se caractérise chaque jour davantage. A Lyon, nous comptons déjà plus de 1,700 étudiants et 112 professeurs. Montpellier, Toulouse, Bordeaux en ont plus que nombre d'universités étrangères. Lyon a pour les sciences physico-chimiques, les sciences anatomiques, les sciences biologiques, des installations grandioses. Nancy vient d'inaugurer un Institut de chimie, et projette un Institut d'anatomie ; Montpellier possède des Instituts de botanique, de chimie, de physique, de zoologie et de zoologie marine ; et déjà sous l'influence des nécessités locales, de l'adaptation aux milieux, se dégagent de l'unité de la science des enseignements qui donnent un caractère particulier à certains de nos grands centres universitaires.

Quelques chiffres d'ailleurs diront plus clairement l'effort qui a été fait. En quatorze ans, l'État et les provinces ont consacré 115 millions aux dépenses extraordinaires de l'enseignement supérieur, et dans le même laps de temps son budget annuel a presque triplé : il est aujourd'hui de 11,391,495 francs, et dans ce chiffre ne sont pas comprises les sommes considérables que coûtent annuellement le Collège de France, le Muséum, l'École Normale, l'École des Chartes, l'École des Langues orientales, et tous ces Instituts ou Écoles, dus parfois à l'initiative privée, qui contribuent si largement, chez nous, au progrès de la science, dont les Universités sont ailleurs les uniques organes. Le cadre de l'enseignement a été agrandi et élargi à Paris et dans les provinces. Le nombre de chaires a été augmenté dans toutes les facultés; on a créé des chaires de droit administratif, de droit constitutionnel, des Pandectes, des sciences financières, des maladies des enfants, de clinique ophtalmologique, des maladies syphilitiques et cutanées, des maladies mentales, des maladies du système nerveux, de chimie organique, de physiologie chimique, des littératures du nord de l'Europe, d'histoire de la philosophie, d'histoire du moyen âge, d'histoire contemporaine, d'archéologie, de langue et de littérature françaises du moyen âge, de sanscrit, d'arabe, de langues romanes, de grammaire comparée, des sciences d'éducation, en tout plus de 360 enseignements nouveaux. Les instruments de travail ont été multipliés et mis à la disposition spéciale des professeurs et des élèves. Des bibliothèques riches en moyens d'étude ont été créées et organisées pour faciliter les recherches. Il n'est plus de faculté de sciences ou de médecine qui, n'ait aujourd'hui son outillage complet et un personnel spécial pour initier les élèves aux travaux pratiques. Partout la recherche expérimentale se fait à côté de l'enseignement. Lyon, Bordeaux, Montpellier ont leurs laboratoires d'anatomie, d'anatomie comparée, de médecine opératoire, d'anatomie générale et d'histologie, de chimie organique, de pharmacie, de chimie minérale, de physique, d'anatomie pathologique, de médecine légale, d'hygiène, de physiologie, de pathologie générale, de thérapeutique, de médecine expérimentale et comparée, de pathologie interne, de pathologie externe, de botanique, de chimie appliquée, de chimie générale, de physiologie, de géologie, de minéralogie, de zoologie, avec leurs chambres noires, leurs ateliers, leurs salles de dissection, leurs salles de dépôt, leurs magasins, leurs amphithéâtres, leurs chambres des balances, leurs salles de physiologie, de photographie, leurs musées et leurs collections. A Paris, à la Faculté de médecine, pour la direction des travaux pratiques, on compte 7 chefs de travaux, 8 prosecteurs, 12 aides d'anatomie, 31 préparateurs, 14 chefs de clinique,

13 chefs adjoints, 25 chefs de laboratoire, et ailleurs c'est à l'avenant.

Aussi quels progrès, quelle marche en avant, sur toute la ligne de bataille. D'abord le nombre d'étudiants. Les Facultés de Paris en groupent autour d'elles plus de 10,000, tout autant que les deux universités de Naples et de Berlin réunies, et dans ce chiffre ne sont pas compris ceux qui, par centaines, travaillent dans les établissements libres, dans les écoles spéciales. Lyon en a 1,700, Toulouse 1,300, Bordeaux plus de 1,000 ; en tout la province et Paris en réunissent plus de 17,000, soit le double d'il y a vingt ans ; et à ce chiffre, que d'additions à faire, pour avoir un tableau fidèle ! D'abord les étudiants en théologie, les grands séminaires en comptent près de 8,000, et ce chiffre doit se totaliser nécessairement avec celui indiqué plus haut. Puis les futurs avocats, médecins, professeurs qui suivent les cours des Facultés catholiques de Paris, Lille, Lyon, Angers et Toulouse. Enfin les nombreux élèves de l'École des Chartes, de l'École Polytechnique, de l'École Normale, etc., etc. La progression du nombre des maîtres a marché également de pair avec la progression des enseignements nouveaux ; il a presque toujours doublé, parfois triplé et même quadruplé dans certaines facultés, et si aujourd'hui on faisait un relevé complet de tous les hommes qui appartiennent à l'enseignement supérieur, il est certain que le chiffre obtenu serait un des plus élevés proportionnellement à la population de l'Europe entière.

Enfin, la nature de l'enseignement a subi d'heureuses modifications. Ici, où dominaient les préoccupations professionnelles, on a mis plus de science, et là on a donné une tâche professionnelle aux facultés qui n'en avaient pas. Dans tous les ordres d'études un esprit nouveau a pénétré les méthodes et les a rajeunies. Les leçons où, dans des généralisations éloquentes, les maîtres exposaient l'état de la science, ont été complétées par les conférences et les travaux pratiques qui initient l'élève et le guident dans la recherche de la vérité, et à côté des études professionnelles,

se sont placées celles qui font le savant. Des cimes élevées
où la science s'absorbait dans ses recherches, son souffle
vivifiant s'est répandu dans tous les organes. Sans rien
perdre de ses qualités positives, l'enseignement s'est agrandi
et s'est rapproché de sa source. D'écoles de sciences d'application qu'elles étaient, les facultés de médecine et de
droit sont devenues des laboratoires de recherches, où les
bouillons de culture d'un côté et l'histoire de l'autre
viennent en aide au professeur, soit pour déterminer les
causes et les lois des phénomènes morbides, soit pour
fixer les bases de la science juridique. A l'art qui guidait
la main armée du bistouri, est venue s'ajouter la connaissance approfondie des réactifs chimiques et l'étude du droit
idéal, qui ne connaît ni de limites, ni de frontières, qui
découvre l'origine, l'évolution et le progrès des idées de
justice dans les lois naturelles de la conscience et les faits
généraux du monde social, et sert maintenant de support
à l'habileté du légiste qui cherche, au moyen du droit écrit
et positif, la solution des questions innombrables et compliquées de la vie pratique.

Ainsi agrandi, rajeuni et vivifié, notre enseignement supérieur est devenu un instrument de culture d'une puissance
et d'une énergie incomparables. Avec ses facultés aujourd'hui groupées, demain réunies en universités régionales,
ses écoles spéciales, ses séries d'écoles techniques pour
chaque branche de l'activité humaine, il constitue un vaste
organisme, dont toutes les parties se complètent et contribuent à sa fin, qui est le progrès social et national. Tour à
tour théorique et pratique, il est pourvu d'organes différents, mais qui répondent tous à sa double fonction. Il figure
comme une espèce de fontaine colossale, aux vasques superposées, d'où une gerbe jaillissante tombe de degrés en degrés jusqu'aux canaux ténus par où s'écoule le précieux
liquide. Au sommet, les grands établissements scientifiques
et les universités, au-dessous les écoles spéciales et les
écoles d'application, puis les écoles techniques, avec leurs
subdivisions primaires et secondaires, tout un système

gradué qui porte jusqu'à la masse humaine le breuvage
de vie qui exalte sa puissance créatrice et ses énergies
morales.

———

Au moment, donc, où tant de jeunes étrangers viennent
chercher dans nos écoles le pain scientifique dont ils ont
besoin, il a semblé qu'un tableau de notre enseignement
supérieur, technique et spécial, pouvait être de quelque utilité. Ce tableau, nous avons tenté de le faire aussi complet
que possible, bien que nous n'ignorions pas que la majeure
partie des jeunes hommes auxquels il est destiné vienne
chercher à l'étranger une éducation plus scientifique que
professionnelle. Mais nous avons pensé qu'il y aurait moins
d'inconvénient à élargir le cadre qu'à le restreindre, et qu'à
côté du guide qui renseigne il y avait place pour un état de
nos ressources scolaires. Cette nomenclature est sans doute
bien sèche et bien incomplète. Telle qu'elle est pourtant,
elle peut avoir son utilité. Par le groupement de toutes les
parties de notre enseignement les unes à côté des autres, elle
peut aider à son progrès en rendant plus sensibles ses lacunes
ou ses insuffisances. A ce titre, l'ordre qui a été adopté pour
la deuxième partie, où les matières sont disposées par catégories d'enseignement, a sa raison d'être. Il eût été plus
logique d'adopter le même arrangement pour tout le volume,
mais l'ordre géographique qui a semblé préférable, quand
il s'agissait de mettre en relief l'importance des grands centres d'études, comme Paris, Lyon, Bordeaux, Montpellier,
aurait eu plus d'inconvénients que d'avantages s'il s'était
étendu à toute la série d'écoles. Il en serait résulté une con-
fusion fâcheuse et un véritable désordre. De plus, tout se
tient en matière d'enseignement. Or à quel point précis faire
le départ entre des écoles qui s'actionnent réciproquement
et tendent au même but. Par exemple, dans l'ordre de la
puissance économique d'un pays, s'il est urgent d'avoir des
laboratoires, des écoles centrales et des instituts commer-

ciaux pour former des ingénieurs et des chefs d'industrie qui commandent l'armée des travailleurs, il n'est pas moins nécessaire d'avoir des soldats exercés et de bons sous-officiers pour les encadrer. Au jour de la bataille, ils sont les instruments mêmes du succès, et par conséquent les écoles où on les élève, pour si humbles qu'elles soient, ont leur place marquée dans un tableau d'honneur de la culture française.

Tous les peuples n'ont pas d'ailleurs les mêmes besoins; les plus jeunes, ceux qui sont en formation et arrivent à la vie, ont nécessairement l'ambition moins haute que ceux déjà en possession de tous leurs moyens. Or il est bon que la France devienne le rendez-vous scientifique des uns et des autres. C'est dans son génie, dans ses traditions, dans sa mission historique. Certes, elle ne prétend à aucun monopole, et aujourd'hui ses écoles et universités ont bien des rivales; sur un point cependant cette vieille terre de l'idée du droit et de la justice garde une supériorité, et cette supériorité morale suffit à lui assurer la préférence auprès de ceux qui souffrent des atteintes de la force. Jadis elle a nourri de sa science théologique, dans ses universités de Paris et de Montpellier, toute la jeunesse studieuse; aujourd'hui, en aspirant à une magistrature scientifique, elle n'est que fidèle à elle-même et à l'esprit nouveau. Que d'autres se partagent des continents et les exploitent. Pour être moins visible, l'empire des âmes et des intelligences n'en appartient pas moins au monde réel. Par ces temps de réalités positives et concrètes, il semble s'appuyer sur des bases bien fragiles. Qui sait pourtant si, au milieu de cette marée montante des instincts nationaux, vu l'effort continu que font les peuples pour arriver à la pleine conscience d'eux-mêmes, ce n'est pas la politique la plus sage et la plus prévoyante. Le monde ne revient jamais en arrière, et les semences que la Révolution a jetées ont germé trop profondément, pour que les idées qui en sont sorties puissent être arrêtées dans leur essor. Le principe des nationalités, c'est l'instinct de la vie, c'est la force des choses même. Tous les peuples veulent le développement de leur puissance morale et matérielle intégral et complet. Ils savent qu'ils ne sont plus une poussière d'hommes, mais qu'ils forment un organisme qui a le droit de vivre et le devoir d'amener à un état de riche floraison les germes divins qu'ils portent dans leur sein. Honneur donc aux nations qui voient sur les montagnes poindre l'aube du jour nouveau. Honneur à celles qui veulent, en distribuant leurs propres richesses intellectuelles, hâter l'éclosion de tant de forces nouvelles, et par suite enrichir le trésor de l'humanité.

La France peut avoir cette légitime ambition, car la science qu'elle professe a encore ce caractère, d'être désintéressée. Elle ne s'est jamais faite, en effet, la servante de visées politiques, et on ne l'a jamais vue, batailleuse et aggressive, quitter le bonnet et la robe pour l'armure d'acier et la cotte de maille au profit de quelque propagande nationale. Nous avons de plus une clientèle nombreuse qui nous est attachée par les liens de la sympathie et du souvenir, et qui est toute disposée à suivre notre bannière, pourvu que nous la fassions flotter à ses yeux. Elle peut le faire sans péril, car elle sait d'instinct que c'est le privilège unique de notre pays de pouvoir concilier le souci de sa propre fortune avec le développement d'autrui. Malheureusement nous vivons à une époque où les procédés de courtoisie ne sont guère de mise entre nations puissantes, et où de grands déplacements d'influence peuvent solliciter de nouveaux courants. Il est certain, pour quiconque regarde un peu par dessus les frontières, qu'il se poursuit dans l'ombre, tout autour de nous, comme un travail continu qui ne tend à rien moins qu'à nous isoler. Peu à peu la muraille s'élève, et bientôt, si nous n'y prenons garde, nous nous réveillerons rejetés sur nous-mêmes, avec un horizon bouché. Au point de vue spécial qui nous occupe, le mal est loin encore d'avoir fait des ravages, ainsi que l'attestent les registres de nos Facultés. Le fait pourtant que de fâcheux symptômes se constatent suffit à prouver qu'il faut veiller. Certes, personne ne conteste la haute valeur d'un enseignement qui, après avoir fourni pendant des siècles la substance intellectuelle de générations entières, a ouvert tant de voies nouvelles avec les travaux des Champollion, des Burnouf, des de Sacy, des Laplace, des Claude Bernard, des Dumas, pour ne citer que quelques noms, et il est hors de doute que l'éclat de la science française est assez grand pour que, du piédestal élevé qu'elle occupe, ses rayons soient partout visibles. Encore faut-il cependant qu'il ne s'interpose pas d'obstacles.

P. M.

Paris, octobre 1890.

COMITÉ DE PATRONAGE

DES ÉTUDIANTS ÉTRANGERS

Le comité a pour objet :

1° De faire à l'étranger de la propagande pour attirer dans nos écoles le plus grand nombre possible de jeunes gens;

2° De donner aux jeunes étudiants, à leur arrivée en France, toutes les informations nécessaires et pendant leur séjour un appui moral;

3° De favoriser par tous les moyens en son pouvoir le développement de l'enseignement français à l'étranger et particulièrement dans le bassin de la Méditerranée.

Il siège à la Sorbonne.

Il se compose de :

MM. PASTEUR, de l'Académie française, président.

BOUTMY, de l'Institut, directeur de l'École libre des sciences politiques.

BRÉAL, de l'Institut.

XAVIER CHARMES, de l'Institut.

GRÉARD, de l'Académie française, Recteur de l'Académie de Paris.

LAMY, ancien député.

LAVISSE, professeur à la Faculté des lettres de Paris.

Paul MELON.

Georges PICOT, de l'Institut.

Albert SOREL, de l'Institut.

Vicomte MELCHIOR DE VOGÜÉ, de l'Académie française.

CONDITIONS D'ADMISSION

DES ÉTUDIANTS ÉTRANGERS

DANS LES FACULTÉS ET LES ÉCOLES

Les facultés françaises sont ouvertes libéralement aux étrangers comme aux nationaux; les uns comme les autres sont admis à y prendre leurs grades.

Les étrangers et les nationaux sont pourtant obligés de justifier de certaines études préalables. En France, pour les nationaux, cette justification consiste dans la production d'un diplôme de bachelier constatant des études d'enseignement secondaire, de tel ou tel ordre. Quant aux étrangers qui ont obtenu dans leur pays un certificat d'études secondaires, ils sont admis par décision ministérielle, sur l'avis de la section compétente du comité consultatif de l'enseignement public, et après vérification de la valeur scientifique du certificat produit, à continuer leurs études dans les facultés, car l'équivalence entre leur certificat d'études et le nôtre n'est pas de droit (1).

(1) Les étrangers gradués des Universités étrangères qui désirent suivre les cours des Facultés doivent adresser au Recteur une demande accompagnée : 1° des diplômes originaux dont ils sollicitent l'équivalence traduits en français et légalisés; 2° l'acte de naissance (original et traduction).

L'équivalence n'est jamais accordée pour les titres de licencié et de docteur. Elle est accordée à titre onéreux.

Une dispense de temps d'études, qui se traduit par la concession cumulatoire d'un certain nombre d'inscriptions, peut être aussi accordée, mais sous la condition pour l'étudiant de subir un examen probatoire.

Les docteurs en médecine étrangers peuvent être autorisés à prendre cumulativement 16 inscriptions, mais ils doivent subir tous les examens et soutenir une thèse. Les pharmaciens étrangers obtiennent la dispense du stage officinal et de l'examen de validation, et la concession des 12 inscriptions; mais ils doivent subir les trois examens définitifs.

Droits universitaires. — Le droit d'inscription est fixé uniformément à 30 francs par trimestre dans toutes les Facultés et Écoles supérieures. Il y a en plus un droit de bibliothèque, de 10 francs par an, obligatoire pour tous les étudiants.

Il est sous-entendu qu'il ne s'agit ici que des étudiants aspirant aux grades que confèrent les facultés ; quant à ceux qui désirent seulement suivre l'enseignement d'une faculté, sans lui demander un grade ou diplôme, il va sans dire que la plus grande liberté leur est accordée pour suivre les cours. D'ailleurs la question de l'équivalence est toujours l'objet des préoccupations des pouvoirs publics, et nul doute qu'elle ne reçoive à bref délai une solution dans le sens le plus large, ainsi qu'il résulte du vote émis par le conseil général des Facultés à Paris dans sa séance du 21 juillet dernier, sur les conclusions du rapport de M. Bufnoir.

Les étrangers qui font preuve d'une instruction préalable suffisante sont admis dans la plupart de nos écoles spéciales et d'application, soit comme élèves, soit comme auditeurs libres, et notamment à l'École de génie maritime, l'École de Saint-Cyr, l'École forestière de Nancy, l'École des manufactures, l'École supérieure des mines, l'École des ponts et chaussées, l'École de télégraphie, les Écoles d'agriculture de Montpellier, de Grignon, de Grand-Jouan, à l'École nationale des arts décoratifs, l'École des beaux-arts, l'École centrale, l'École des hautes études, l'École des sciences politiques, le Conservatoire de musique, l'Institut agronomique, l'École des langues orientales vivantes, l'École coloniale, l'Institut Pasteur, les Écoles vétérinaires d'Alfort, Lyon, Toulouse, l'École spéciale d'architecture, les Écoles nationales des beaux-arts de Lyon, de Dijon, de Bourges, d'Alger, l'École supérieure de commerce de Paris, l'École supérieure de commerce de Lyon, l'École nationale de dessin (pour jeunes filles), l'École des haras, l'École des hautes études commerciales, l'Ecole préparatoire des hautes études commerciales, etc.

L'ENSEIGNEMENT SUPÉRIEUR

ET

L'ENSEIGNEMENT TECHNIQUE

EN FRANCE

PREMIÈRE PARTIE

CHAPITRE PREMIER

PARIS

ENSEIGNEMENT SUPÉRIEUR ET ENSEIGNEMENTS DIVERS

I

FACULTÉ DE DROIT.

CHAIRES.

Code civil (6 chaires).
Droit romain (4 chaires).
Législation criminelle et procédure criminelle.
Procédure civile.
Droit criminel et législation pénale comparée.
Droit commercial.
Droit administratif (2 chaires).

Droit des gens.
Histoire du droit romain et du droit français.
Droit coutumier.
Économie politique.
Pandectes.
Droit constitutionnel.
Science financière.

COURS ANNEXES.

Histoire générale du droit français public et privé (2 cours).
Droit international privé.
Enregistrement dans ses rapports avec le droit civil.

FACULTÉ DES SCIENCES.

CHAIRES.

Astronomie physique.
Astronomie mathématique.

Algèbre supérieure.
Géométrie supérieure.

Calcul différentiel et intégral.
Calcul des probabilités et physique mathématique.
Physique (2 chaires).
Mécanique rationnelle.
Mécanique physique et expérimentale.
Chimie (2 chaires).

Chimie organique.
Minéralogie.
Géologie.
Botanique.
Physiologie générale.
Zoologie, anatomie et physiologie comparée (2 chaires).
Chimie biologique.

COURS COMPLÉMENTAIRES

Physique céleste.
Analyse chimique quantitative.

Chimie organique.
Géographie physique.

CONFÉRENCES.

Mécanique et astronomie.
Analyse.
Conférences préparatoires à l'agrégation des sciences mathématiques.
Physique (2 conférences).
Conférences préparatoires à l'agrégation des sciences physiques.
Physique.

Chimie (2 conférences).
Conférences préparatoires à l'agrégation des sciences physiques.
Chimie.
Minéralogie.
Géologie.
Botanique.
Zoologie.
Anatomie.

Laboratoires.

Laboratoire de recherches, laboratoire d'enseignement : physique, chimie, minéralogie, géologie, botanique, physiologie générale.
Laboratoire du Havre.
Zoologie : Roscoff, Banyuls-sur-Mer.
Laboratoire de biologie : Fontainebleau.

FACULTÉ DES LETTRES.

CHAIRES.

Philosophie.
Histoire de la philosophie moderne.
Éloquence grecque.
Poésie grecque.
Éloquence latine.
Poésie latine.
Éloquence française.
Poésie française.
Littérature étrangère.
Histoire ancienne.
Histoire moderne.
Géographie.
Archéologie.

Histoire de la philosophie ancienne.
Littératures de l'Europe méridionale.
Histoire du moyen âge.
Littérature française du moyen âge et histoire de la langue française.
Histoire moderne et contemporaine.
Sanscrit et grammaire comparée des langues indo-européennes.
Science de l'éducation.

COURS COMPLÉMENTAIRES.

Langue et littérature latines.
Paléographie latine classique.
Littérature française.
Langue et littérature anglaises.
Histoire ancienne.

Sciences auxiliaires de l'histoire.
Histoire de la révolution française.
Histoire économique et coloniale.

CONFÉRENCES.

Philosophie.
Langue et littérature grecques.
Langue et institutions grecques.
Langue et littérature latines.
Grammaire.
Allemand.

Langue et littérature françaises (2 conférences).
Langue et littérature anglaises.
Histoire.
Géographie.

COURS LIBRES.

Littérature française. | Institutions romaines.

HISTOIRE.

Histoire ancienne des peuples orientaux.

FACULTÉ DE THÉOLOGIE PROTESTANTE.

CHAIRES.

Dogme luthérien.
Morale évangélique.
Exégèse sacrée.
Histoire ecclésiastique.

Théologie pratique.
Dogme réformé.
Histoire de la philosophie.
Langue hébraïque.

COURS COMPLÉMENTAIRES.

Théologie pratique.

CONFÉRENCES.

Les Pères de l'Église grecque et latine.
Philologie sacrée (Nouveau Testament).

Langue et littérature théologiques allemandes et histoire ecclésiastique.

FACULTÉ DE MÉDECINE.

CHAIRES.

Anatomie.
Anatomie pathologique.
Physiologie.
Physique médicale.

Hygiène.
Matière médicale et thérapeutique.
Chimie médicale.

Histoire naturelle médicale.
Pathologie chirurgicale (2 chaires).
Pathologie interne (2 chaires).
Pathologie et thérapeutique générales.
Pathologie expérimentale et comparée.
Opérations et appareils.
Clinique chirurgicale (4 chaires).
Clinique d'accouchements.
Clinique médicale (4 chaires).
Clinique de pathologie mentale et des maladies de l'encéphale.
Accouchement, maladies des femmes et des enfants.
Médecine légale.
Pharmacologie.
Histologie.
Histoire de la médecine et de la chirurgie.
Clinique des maladies des enfants.
Clinique ophtalmologique.
Clinique des maladies cutanées et syphilitiques.
Clinique des maladies du système nerveux.

Laboratoires.

Anatomie pathologique, histologie, chimie médicale, pharmacologie, hygiène, matières médicales et thérapeutiques, pathologie et thérapeutique générales, pathologie expérimentale et comparée.

Cliniques.

Clinique interne : Hôtel-Dieu, la Charité, la Pitié, Necker.
Clinique de pathologie mentale : Sainte-Anne.
Clinique des maladies des enfants : hôpital des Enfants malades.
Clinique des maladies cutanées et syphilitiques : Saint-Louis.
Clinique des maladies du système nerveux : la Salpêtrière.
Médecine légale : la Morgue.
Clinique externe : Hôtel-Dieu, la Charité, la Pitié, Necker.
Clinique d'accouchement : Clinique de la Faculté.
Clinique ophtalmologique : Hôtel-Dieu.

Travaux pratiques.

Anatomie, anatomie pathologique, physiologie, histologie, histoire naturelle médicale, physique médicale, chimie médicale.

ÉCOLE SUPÉRIEURE DE PHARMACIE.

L'École supérieure de pharmacie, par son organisation et les connaissances scientifiques sérieuses que les étudiants peuvent y acquérir, mérite une mention spéciale. Elle enseigne les sciences physiques et naturelles, concurremment avec la Sorbonne. L'étude de la chimie y est poussée particulièrement jusque dans toutes ses applications.

Nombre de jeunes gens qui ne se destinent pas à la carrière de pharmacien viennent chercher dans l'enseignement de l'école des connaissances théoriques et surtout pratiques, qui leur permettent, soit d'entrer plus facilement dans l'industrie, soit de se créer plus tard une place dans la science.

CHAIRES.

Botanique.
Zoologie médicale.
Matière médicale.
Toxicologie.
Pharmacie chimique.
Chimie minérale.

Physique appliquée.
Chimie organique.
Pharmacie galénique.
Hydrologie et minéralogie.
Cryptogamie.

COURS COMPLÉMENTAIRES.

Analyse chimique.

Travaux pratiques.

Chimie, physique, botanique,

LISTE DES HOPITAUX ET HOSPICES.

Hôtel-Dieu	559 lits.	Hôpital Laënnec	628 lits.
Clinique d'accouchements (rue d'Assas, n° 89)	130 —	— de la Salpêtrière.	3 865 —
		— Bicêtre	2 720 —
Hôpital de la Charité	516 —	— des enfants malades	593 —
— de la Pitié	719 —		
— de Lariboisière	748 —	— Trousseau	463 —
— Saint-Antoine	785 —	Hospice des enfants assistés	675 —
— Tenon	827 —	Hôpital Saint-Louis	1 043 —
— Necker	454 —	— du Midi	327 —
— Beaujon	404 —	— de Lourcine	243 —
— Cochin	403 —	— Temporaire	60 —
— Andral	100 —	École d'accouchements.	
— Broussais	262 —	Maison Dubois	344 —
— Bichat	181 —		

Amphithéâtre d'anatomie des hôpitaux à Clamart : cours d'anatomie topographique, de physiologie, d'anatomie descriptive, d'histologie.

ASILES.

Sainte-Anne	903 lits.	Charenton	
Ville-Évrard	680 lits.	Vincennes	
Villejuif	1200 lits.	Vésinet	

BIBLIOTHÈQUES UNIVERSITAIRES.

	Nombre de volumes
Bibliothèque de l'Université de la Sorbonne	141 678
Bibliothèque de la Faculté de théologie protestante	5 070
Bibliothèque de la Faculté de droit	42 000
Bibliothèque de la Faculté de médecine	93 300
Bibliothèque de l'École supérieure de pharmacie	15 048
Total	297 096

II

COLLÉGE DE FRANCE.

Administrateur : M. RENAN.

Le Collége de France, dont la fondation remonte à François Ier, doit son origine au désir qu'eut le roi d'assurer une place à des enseignements que la Faculté des arts n'acceptait pas. Bien qu'aujourd'hui certaines de ses chaires fassent double emploi avec les Facultés, il n'en garde pas moins toujours son caractère primitif, et partage, avec le Muséum, le privilége d'être un centre de recherches et d'enseignements nouveaux en dehors de tout cadre et de toute réglementation.

COURS.

Mécanique analytique et mécanique céleste.

Mathématiques.

Physique générale et mathématiques.

Physique générale et expérimentale.

Chimie minérale.

Chimie organique.

Médecine.

Histoire naturelle des corps inorganiques.

Histoire naturelle des corps organisés.

Embryogénie comparée.

Anatomie générale.

Psychologie expérimentale et comparée.

Histoire des législations comparées.

Économie politique.

Géographie, histoire et statistique économiques.

Histoire et morale.

Histoire des religions.

Esthétique et histoire de l'art.

Épigraphie et antiquités romaines.

Épigraphie et antiquités grecques.

Philologie et archéologie égyptiennes.

Philologie et archéologie assyriennes.

Langues et littératures hébraïques, chaldaïques et syriaques.

Langue et littérature arabes.

Langues et littératures de la Perse.

Langue et littérature turques.

Langues et littératures chinoises et tartares-mandchoues.

Langue et littérature sanscrites.

Langue et littérature grecques.

Philologie latine.

Histoire de la littérature latine.

Philosophie grecque et latine.

Philosophie moderne.

Langue et littérature françaises du moyen âge.

Langue et littérature françaises modernes.

Langues et littératures d'origine germanique.

Langues et littératures de l'Europe méridionale.

Langues et littératures celtiques.

Langues et littératures d'origine slave.

Grammaire comparée.

A la chaire d'histoire naturelle des corps organisés est rattachée une station de physiologie animale, installée au parc des Princes. A la chaire de chimie organique est annexée une station de physiologie végétale à Meudon; un laboratoire de médecine expérimentale est rattaché à la chaire de médecine expérimentale.

MUSÉUM D'HISTOIRE NATURELLE.

Le Muséum est une réunion de laboratoires ; c'est aussi un musée et un des plus riches qui soient au monde. Les savants qui y enseignent ont pour mission principale de faire des travaux personnels et de donner un certain nombre de leçons où ils exposent leurs découvertes. L'enseignement du Muséum est donc avant tout scientifique, et les élèves n'y viennent que pour y écouter des théories nouvelles ou se former eux-mêmes aux recherches originales.

Les cours sont publics et gratuits.

COURS.

Anatomie comparée.
Anthropologie.
Paléontologie.
Physiologie générale.
Zoologie (mammifères et oiseaux).
Zoologie (reptiles et poissons).
Zoologie (insectes, crustacés, arachnides).
Physique végétale.
Chimie appliquée aux corps organiques.
Chimie appliquée aux corps inorganiques.
Physiologie végétale.

Zoologie (annélides, mollusques, zoophytes).
Botanique (organographie et physiologie végétale).
Botanique (classifications et familles naturelles).
Géologie.
Minéralogie.
Culture.
Physique appliquée aux sciences naturelles.
Pathologie comparée.
Cours de dessin.
Iconographie végétale.

COLLECTIONS.

Collections anatomiques	....	36 000	échantillons.
—	anthropologiques	25 000	—
—	zoologiques	1 100 000	—
—	géologiques	218 000	—
—	minéralogiques	31 000	—
—	paléontologiques	158 000	—
—	botaniques.		

CULTURE.

Plantes de pleine terre et plantes de serres 19 204 espèces et variétés.

BIBLIOTHÈQUE.

Volumes	140 850	Dessins originaux	18 598
Manuscrits	2 056	Cartes géographiques	3 500

OBSERVATOIRE.

De vastes terrains ont été acquis depuis 1880 pour assurer l'isolement plus complet de l'Observatoire et permettre l'installation de nouveaux instruments. Dans ces terrains de grandes salles souterraines ont été aménagées pour servir à diverses expériences de physique.

L'Observatoire possède entre autres instruments :

Un cercle méridien.

Un grand télescope de 1ᵐ,20 de diamètre.

Un équatorial de 0ᵐ,38 de diamètre.

Un équatorial coudé de 0ᵐ,27 de diamètre.

Un appareil photographique des frères Henry de 0ᵐ,33 d'ouverture et de 3ᵐ,40 de distance focale.

2 enregistreurs Rodier.

Un anémomètre Bourdon.

Un grand équatorial coudé de Lœwy de 0ᵐ,60 d'ouverture.

BIBLIOTHÈQUE.

Nombre de volumes............................ 12 600.

MUSÉE.

Il a été constitué à l'Observatoire, depuis 1878, un musée astronomique pour la conservation d'anciens instruments qui intéressent l'histoire de la science.

PUBLICATIONS.

Annales de l'Observatoire de Paris : 1° Observations, années 1868, 1869, 1870, 1871, 1872, 1873, 1874, 1875, 1876, 1877, 1878, 1879, 1880, 1881, 1882.

2° Mémoires.

Catalogue de l'Observatoire de Paris; Bulletin astronomique : 1 volume par année depuis 1884.

OBSERVATOIRE D'ASTRONOMIE PHYSIQUE DE MEUDON.

L'Observatoire possède :

Un miroir parabolique.

Un télescope.

Une lunette méridienne.

Un appareil pour l'étude des gaz.

Une lunette équatoriale de 0ᵐ,735 de diamètre.

Une lunette photographique de 0ᵐ,81 de diamètre.

ÉTABLISSEMENTS MÉTÉOROLOGIQUES.

SERVICES DU BUREAU CENTRAL.

Le bureau central météorologique comprend trois services différents :

1° Avertissements. Ce service reçoit chaque jour 154 dépêches des stations d'Europe ou d'Amérique, et il en expédie 43.

Des avis quotidiens en prévision du temps sont adressés aux ports et aux communes abonnées.

Les annonces de tempêtes sont communiquées au ministère de la marine pour être transmises aux divers arrondissements maritimes.

Des renseignements spéciaux sur l'état général de l'atmosphère sont fournis à 24 journaux.

2º **Climatologie.** Ce service est chargé de la publication des observations faites en France et en Algérie, de la comparaison des instruments et des inspections.

En France il reçoit et enregistre régulièrement les observations de :

14 observatoires.
86 écoles normales.
2 sémaphores.
20 stations diverses faisant au

moins 3 observations par jour.
21 phares.
28 stations diverses en Algérie.

3º **Publications.**

a. Bulletin international quotidien (22 volumes).

b. Bulletin mensuel.

c. Annales : Mémoires scientifiques, Observations météorologiques en France et à l'étranger, Pluies en France (35 volumes).

Quatre stations météorologiques sont rattachées au Bureau Central.

La station du parc Saint-Maur qui a un service complet de météorologie et un service spécial de magnétisme.

La station du Petit-Port à Nantes.
La station de Perpignan.
La station du Mont Ventoux.

OBSERVATOIRE DE MONTSOURIS (1).

L'observatoire a pour but de rechercher les effets produits sur les cultures et l'hygiène par les variations du temps et les changements de composition de l'air atmosphérique. Les travaux de l'observatoire se divisent en trois sections ou laboratoires qui, sans négliger les intérêts de la science pure, s'occupent spécialement de la climatologie et de l'hygiène de Paris.

1er Le service de physique et de météorologie proprement dite s'étendant au magnétisme et à l'électricité comprend : 1º l'observation directe des instruments de physique du globe installés à l'observatoire même ; le contrôle et le relevé des courbes tracées par les instruments enregistreurs et la discussion des résultats obtenus soit au point de vue de la météorologie pure, soit au point de vue de ses applications à la climatologie et à l'hygiène de Paris ; 2º l'organisation et la surveillance des stations urbaines.

2e Le service chimique étudie : 1º les variations de composition de l'air des différents quartiers de Paris, avec deux stations annexes (place Lobau, et dans l'intérieur des égouts); 2º les variations de composition chimique des eaux distribuées à Paris, des eaux d'égout et de la nappe souterraine en amont et en aval de Paris.

3e Le service micrographique s'occupe d'établir des statistiques microbiennes et de déterminer les variations que les conditions météorologiques font subir aux bactéries de l'air, du sol et des eaux, et de considérer dans leur individualité tous les ferments figurés, autant ceux qui sont redoutables à l'économie animale, que ceux qui sont de précieux auxiliaires pour l'agriculture.

(1) Une école spéciale dite d'astronomie forme le personnel des observatoires.

INSTITUT PASTEUR.

L'Institut Pasteur est à la fois un dispensaire pour le traitement de la rage, un centre de recherches pour les maladies infectieuses et un centre d'enseignement pour les études qui relèvent de la microbie. Il comprend six services :

1° Service de la rage, sous la direction de M. Grancher.

2° Microbie générale, sous la direction de M. Duclaux.

3° Microbie technique, sous la direction de M. Roux.

4° Microbie appliquée à l'hygiène, sous la direction de M. Chamberland.

5° Microbie morphologique sous la direction de M. Metchnikoff.

6° Microbie comparée, sous la direction de M. Gamaleïa.

Le service de la rage a pour objectif principal la vaccination après morsure, et toutes les études relatives à la rage.

Dans les services 2 et 5, la préoccupation presque exclusive est d'étudier les propriétés de formes et de fonction chez les microbes. Dans le laboratoire de microbie générale, on enseigne toutes les méthodes d'analyses chimiques, pouvant servir à l'étude des microbes et de leurs besoins élémentaires, de leurs moyens de nutrition, de leurs produits de sécrétion et d'excrétion.

Le laboratoire de microbie, appliquée à l'hygiène, a dans son domaine tout ce qui intéresse l'étude hygiénique de l'air, du sol et des eaux, de même que l'étude et la préparation des vaccins. Les services de microbie comparée et de microbie technique ont pour objet l'étude des maladies microbiennes, mais le premier est surtout un laboratoire de recherches et le second un laboratoire d'enseignement.

Les laboratoires sont aménagés pour contenir une quarantaine de travailleurs. Les Français et les étrangers y sont admis dans la limite des possibilités et des places disponibles. L'admission dans les laboratoires, sauf celui de microbie générale, et le libre usage de l'eau, du gaz, des réactifs principaux, de la verrerie usuelle sont soumis à une légère rétribution. La gratuité absolue est accordée cependant aux travailleurs qui en seraient jugés dignes.

III

ÉCOLE PRATIQUE DES HAUTES ÉTUDES.

L'École pratique des hautes études est divisée en cinq sections. Son but est de former, sous la direction immédiate des professeurs, des élèves destinés à la science pure, et de leur donner par des exercices pratiques les méthodes de travail indispensables aux recherches personnelles. Dans l'ordre de la philologie et de l'histoire, ses enseignements sont aussi variés que le domaine même de la science, et constituent autant de séminaires qui complètent les cours des Facultés classiques et des établissements extra-universitaires.

On y entre sans produire aucun diplôme et sans subir aucune épreuve.

Les travaux des élèves français ou étrangers, s'ils en sont jugés dignes, sont imprimés dans la bibliothèque de l'école à ses frais. L'École est entièrement gratuite.

PREMIÈRE SECTION. — SCIENCES MATHÉMATIQUES.

Publication du Bulletin des sciences mathématiques.

DEUXIÈME SECTION. — SCIENCES PHYSICO-CHIMIQUES.

Laboratoire de physique appliquée à l'histoire naturelle, au Muséum.
Laboratoire d'enseignement de la physique, à la Faculté des sciences.
Laboratoire de recherches physiques, à la Faculté des sciences.
Laboratoire de chimie organique, au Collége de France.
Laboratoire de chimie, à l'École Normale.
Laboratoire de recherches et d'enseignement de chimie, au Muséum.
Laboratoire de chimie organique, à la Faculté des sciences.
Laboratoire de chimie physiologique, à l'Institut Pasteur.
Laboratoire de chimie minérale, au Collége de France.
Laboratoire d'enseignement et de recherches chimiques, à la Sorbonne.
Laboratoire de recherches de minéralogie, au Muséum.
Laboratoire d'enseignement et de recherches pour la minéralogie, à la Faculté des sciences.
Laboratoire de physique, à l'École Normale.
Laboratoire de recherches météorologiques du parc Saint-Maur.

TROISIÈME SECTION. — SCIENCES NATURELLES.

Laboratoire de zoologie expérimentale et comparée, stations de Roscoff et de Banyuls.
Laboratoire de zoologie anatomique et physiologique, au Muséum.
Laboratoire de zoologie comparée, au Muséum.
Laboratoire d'histologie zoologique, au Muséum.
Laboratoire d'histologie, au Collége de France.
Laboratoire de zoologie marine de Villefranche.
Laboratoire de zoologie marine de Wimereux.
Laboratoire de zoologie marine de Marseille.
Laboratoire de zoologie marine de Cette.
Laboratoire de physiologie, à la Faculté des sciences de Paris.
Laboratoire de médecine expérimentale, au Collége de France.
Laboratoire de physique biologique, au Collége de France.
Laboratoire de tératologie, à la Faculté de médecine.
Laboratoire d'anthropologie, à la Faculté de médecine.
Laboratoire d'ophtalmologie, à la Sorbonne.
Laboratoire de physiologie, au Collége de France (Station du Parc aux Princes).
Laboratoire de physiologie pathologique, au Collége de France.
Laboratoire de psychologie physiologique, au Collége de France.
Laboratoire de physiologie générale, au Muséum.
Laboratoire du jardin botanique de la Faculté de médecine.
Laboratoire de botanique, à la Faculté des sciences.
Laboratoire de botanique, au Muséum.
Laboratoire de physiologie végétale, au Muséum.
Laboratoire de physiologie végétale appliquée à l'agriculture.
Laboratoire de géologie physique et chimique, au Collége de France.

Laboratoire de géologie, à la Sorbonne.
Laboratoire de géologie, à la Faculté des sciences de Lille.
Laboratoire d'anatomie pathologique, à la Faculté de médecine de Paris.

QUATRIÈME SECTION. — SCIENCES HISTORIQUES ET PHILOLOGIQUES.

I. Philologie et antiquités grecques :
Histoire littéraire et métrique.
Critique des textes.
Grammaire et paléographie.
Antiquités.
II. Philologie latine, épigraphie et antiquités romaines :
Philologie.
Épigraphie et antiquités romaines.
III. Histoire de la philologie classique.
IV. Langue néo-grecque.
V. Histoire.
VI. Géographie historique de la France.
VII. Grammaire comparée :
Gothique et vieux haut-allemand.

VIII. Langues et littératures celtiques.
IX. Langues romanes.
X. Langue sanscrite.
XI. Langue zende.
XII. Langues sémitiques.
Hébreu rabinique.
Hébreu et syriaque.
Arabe.
XIII. Langues éthiopienne et hymyarite.
XIV. Langue et antiquités assyriennes.
XV. Philologie et antiquités égyptiennes.
XVI. Archéologie orientale.
XVII. Histoire des doctrines psychologiques.
XVIII. Histoire moderne.

CINQUIÈME SECTION. — SCIENCES RELIGIEUSES.

I. Religions de l'extrême Orient.
II. Religions de l'Inde.
III. Religions de l'Égypte.
IV. Religions des peuples sémitiques.
1° Hébreux et sémites occidentaux.
2° Islamisme et religions de l'Arabie.
V. Religions de la Grèce et de Rome

VI. Histoire des origines du christianisme.
VII. Littérature chrétienne.
VIII. Histoire des dogmes.
IX. Histoire de l'Eglise chrétienne.
X. Histoire du droit canonique.
XI. Histoire des rapports de la philosophie et de la théologie.

PUBLICATIONS

Bulletin des sciences mathématiques, 1 volume par an.
Bibliothèque de l'École des hautes études :
1° Section des sciences naturelles, 36 volumes.
° Section des sciences philologiques et historiques, 78 fascicules.
Travaux du laboratoire d'histologie, dirigé par M. Ranvier, 9 volumes.
Archives de zoologie expérimentale et générale, publiées sous la direction de M. de Lacaze-Duthiers, 4 fascicules par an.
3° Section des sciences religieuses, 1 volume.

ÉCOLE NORMALE SUPÉRIEURE.

Cette école est destinée à former des professeurs pour les diverses parties de l'enseignement secondaire classique et de l'enseignement supérieur dans les établissements de l'État. Elle est née de l'idée qu'il fallait une discipline spéciale pour former les maîtres de la jeunesse, et que le meilleur moyen d'y réussir était de réunir, dans une espèce de séminaire, une élite de jeunes gens qui sous la direction de maîtres distingués vivraient d'une vie intellectuelle commune.

Le régime de l'école est l'internat. L'instruction et l'entretien sont gratuits.

Les places d'élèves à l'École normale supérieure sont données à la suite de concours et d'épreuves qui ont lieu chaque année.

Les candidats doivent être Français, âgés de dix-huit ans au moins et de vingt-quatre au plus, et prendre l'engagement de se vouer pendant dix ans à l'instruction publique.

Les épreuves pour l'admission se composent de deux séries : les unes portent sur tous les candidats autorisés à concourir et déterminent l'admission ou la non admission de chacun d'eux aux épreuves orales ; les autres ont lieu entre les candidats admis à l'épreuve orale pour décider de leur admission définitive.

Les compositions pour la section des lettres sont une dissertation de philosophie en français, une composition latine, une composition française, une version latine, un thème grec, une composition d'histoire.

Les compositions pour la section des sciences sont, avec la dissertation française de philosophie et la version latine imposées aux candidats des lettres, la solution d'une ou plusieurs questions de mathématiques et d'une ou plusieurs questions de physique.

Les candidats admis aux épreuves orales doivent produire pour subir la seconde série des épreuves : le diplôme de bachelier ès lettres ou le diplôme de bachelier ès sciences.

Le cours des études est de trois ans.

L'enseignement de l'école se divise en deux sections, celle des lettres et celle des sciences. Une division spéciale de grammaire existe pour certains élèves de 3e année dans la section des lettres.

Les élèves des deux divisions des sciences doivent, avant l'ouverture du cours de 3e année, avoir obtenu les diplômes des deux licences mathématiques et physiques. Les élèves de la division d'histoire naturelle sont tenus, en outre, de se présenter à la fin de la 3e année aux épreuves de la licence ès sciences naturelles.

PROGRAMME DE L'ENSEIGNEMENT
Section des lettres.

1re Année.

Langue et littérature latines.
Langue et littérature grecques.
Langue et littérature françaises.
Histoire ancienne.

Philosophie.
Grammaire.

2e Année.

Langue et littérature latines.
Langue et littérature grecques.

Langue et littérature françaises.
Histoire du moyen âge et moderne.
Philosophie.

3ᵉ Année.
Langue et littérature latines.

Langue et littérature grecques.
Langue et littérature françaises.
Géographie.
Philosophie.
Grammaire.

Section des sciences.

1ʳᵉ Année.
Calcul différentiel et intégral.
Chimie.
Minéralogie.
Zoologie.
Botanique.
Travaux graphiques.

2ᵉ Année.
Mécanique et Astronomie.
Physique.

Géologie.
Zoologie.
Travaux graphiques.

3ᵉ Année.
Mathématiques.
Physique.
Chimie.
Géologie.
Zoologie.
Botanique.

Langues étrangères.

Langue allemande.   Langue anglaise.

Laboratoires.

Laboratoire de physique.
Laboratoire de chimie.

Laboratoire de chimie physiologique.

Collections.   **Bibliothèque.**

ÉCOLE POLYTECHNIQUE.

L'École polytechnique peut être considérée comme une faculté des hautes mathématiques. Elle est destinée à recruter les services suivants :
L'artillerie de terre et l'artillerie de mer, le génie militaire et le génie maritime, la marine nationale, le corps des ingénieurs hydrographes, le commissariat de la marine, les ponts et chaussées, les mines, les manufactures de l'État, le corps des ingénieurs des poudres et salpêtres, des lignes télégraphiques. Elle prépare en outre à toutes les carrières qui exigent des connaissances étendues dans les sciences mathématiques, physiques et chimiques. Les élèves ne peuvent être admis dans les services publics qu'après avoir satisfait aux examens de sortie, à la fin de deux années d'études, dans la limite des places disponibles.
Nul n'est admis à l'École polytechnique que par voie de concours.
Pour être admis à concourir les candidats doivent justifier : 1° qu'ils sont Français ou naturalisés, 2° qu'ils sont âgés de seize ans au moins et de vingt ans au plus et attester la possession du diplôme de bachelier ès sciences ou ès lettres, ou du certificat relatif à la première épreuve de ce baccalauréat.

CONCOURS D'ADMISSION.

Les compositions comprennent: 1° un exercice sur le cours de mathématiques spéciales; 2° une épure de géométrie descriptive, ayant principalement pour objet de constater l'aptitude des candidats au dessin graphique; 3° une composition française; 4° une composition de physique et de chimie; 5° un calcul trigonométrique; 6° un lavis; 7° le dessin d'un buste d'après la bosse.

La durée des études est de deux ans. L'École est soumise au régime militaire.

Le prix de la pension est de 1 000 francs par an et celui du trousseau de 600 à 700 francs.

ÉCOLE DES CHARTES.

L'école des Chartes est un séminaire, peut-être unique en Europe, pour les études relatives au moyen âge.

Elle décerne à ses élèves, après trois années d'études, après examen et soutenance de thèse, le diplôme d'archiviste paléographe. Les aspirants au titre d'élève de l'école des Chartes doivent être bacheliers ès lettres, Français et âgés de moins de vingt-cinq ans. Les admissions sont de vingt par année. Le programme d'admission comprend une version latine, un thème latin, l'histoire de France. Il est tenu compte de la connaissance de l'allemand, de l'anglais, de l'espagnol ou de l'italien. Les études durent trois ans. Les cours sont publics et gratuits.

PROGRAMME DE L'ENSEIGNEMENT.

Première année.

Paléographie.
Langue romane.
Bibliographie et classement des bibliothèques publiques.

Deuxième année.

Institutions politiques, administratives et judiciaires de la France.
Classement des archives.

Sources de l'histoire de France.
Diplomatique.

Troisième année.

Droit civil et droit canonique du moyen âge.
Archéologie du moyen âge.
Étude critique des sources de l'histoire de France.

BIBLIOTHÈQUE.

Volumes................................. 8 000
Fac-simile de chartes et manuscrits.......... 947

La Bibliothèque de l'École des Chartes paraît depuis 1839.

ÉCOLE DU LOUVRE.

L'École a pour objet de tirer des collections du Louvre, pour l'instruction du public, l'enseignement qu'elles renferment. Son but spécial est de former des élèves capables d'être employés, soit comme conservateurs ou bibliothécaires dans les musées de Paris ou des départements, soit dans des missions scientifiques ou à des fouilles pour l'enrichissement des collections nationales.

Les cours peuvent être suivis par des auditeurs libres ou par des élèves.

La durée des études est fixée à trois ans.

L'enseignement de l'école est gratuit. Un diplôme d'élève de l'école est délivré par le ministre des beaux-arts à l'élève qui aura présenté une thèse jugée suffisante sur une des matières de l'enseignement.

MATIÈRES ENSEIGNÉES.

Archéologie nationale.
Archéologie orientale et céramique antique.
Archéologie égyptienne.
Langue démotique.
Langue copte.
Droit égyptien.

Épigraphie orientale (assyrienne, phénicienne et araméenne).
Histoire de la peinture.
Histoire de la sculpture du Moyen-Age et de la Renaissance.
Histoire des arts appliqués à l'industrie en France.

ÉCOLE DES LANGUES ORIENTALES VIVANTES.

Cette école est destinée à l'enseignement des langues orientales vivantes, la durée des cours est de trois ans; ils sont publics et gratuits. Après l'examen de fin d'étude, un diplôme d'élève breveté est accordé aux élèves qui en sont jugés dignes. L'école admet des auditeurs libres et des étrangers.

PROGRAMME DE L'ENSEIGNEMENT.

Arabe littéral.
Arabe vulgaire.
Persan.
Turc.
Malais et Javanais.
Arménien.
Grec moderne.
Chinois.
Japonais.

Annamite.
Hindoustani et Tamoul.
Russe.
Roumain.
Géographie, histoire et législation des États de l'extrême Orient.
Géographie, histoire et législation des États musulmans.

BIBLIOTHÈQUE.

16 681 ouvrages formant 20 900 volumes et 4 450 brochures, plus 630 manuscrits français et orientaux et 220 cartes géographiques.

ÉCOLE LIBRE DES SCIENCES POLITIQUES.

L'enseignement de l'École libre des sciences politiques est le couronnement de toute éducation libérale; il prépare d'une part aux carrières administratives et complète d'autre part, par son programme d'instruction supérieure, l'éducation des jeunes gens qui se destinent à la vie publique ou à certaines hautes positions commerciales : banques, contentieux de grandes compagnies et des chemins de fer, etc. La durée des études est de deux ans. Le régime est l'externat. L'école admet des élèves et des auditeurs : les premiers payent 300 francs et les seconds de 50 à 100 francs.

Les matières de l'enseignement comprennent :

Les finances françaises et étrangères.

L'histoire parlementaire et législative de la France de 1789 à 1875.

L'histoire constitutionnelle de l'Europe depuis 1789.

L'histoire diplomatique de l'Europe depuis 1789.

L'histoire diplomatique de l'Europe de 1648 à 1789.

Le droit des gens.

Le droit international.

La législation commerciale et maritime comparées.

L'économie politique.

Le droit annamite.

La législation coloniale.

La monnaie, le crédit, le change.

La géographie coloniale.

La langue allemande.

La langue anglaise.

La langue russe.

ÉCOLE D'ANTHROPOLOGIE.

Les cours sont publics et gratuits.
Les matières enseignées comprennent :

L'anthropogénie (embryologie comparée).

L'anthropologie générale.

L'anthropologie préhistorique.

L'ethnologie et la linguistique.

L'anthropologie physiologique.

La géographie médicale.

L'histoire des civilisations.

L'anthropologie zoologique.

IV

ÉCOLE COLONIALE.

L'École coloniale instituée à Paris est divisée en deux sections, une section indigène et une section française.

Section indigène.

La section indigène de l'École coloniale est destinée à donner à de jeunes indigènes des colonies et des pays de protectorat une éducation française et une instruction primaire supérieure.

La durée normale des études est de deux ans.

Section française.

La section française est destinée à donner l'enseignement des sciences coloniales et à assurer le recrutement des différents services coloniaux ; elle ne reçoit que des externes.

Les conditions d'admission sont les suivantes :

Être Français, être âgé de dix-huit ans au moins et de vingt-cinq ans au plus.

Être titulaire d'un des trois diplômes de baccalauréat.

La durée des cours est fixée à trois ans : toutefois elle est limitée à

2

deux ans pour les élèves qui entrent à l'école munis du diplôme de licencié en droit.

Tous les élèves qui ont satisfait aux examens de sortie reçoivent un brevet d'élève de l'École coloniale.

Les étrangers peuvent être admis à l'École comme élèves libres.

MATIÈRES ENSEIGNÉES.

Colonisation française.

Systèmes coloniaux français et étrangers.

Histoire, mœurs et religion de l'Indo-Chine.

Langue anglaise.

Langue annamite et cambodgienne.

Cours de caractères chinois.

Cours de droit.

Cours spécial pour le commissariat colonial.

Organisation des colonies.

Conférences sur l'acclimatation et la médecine pratique.

Conférences sur la comptabilité.

Conférences sur la topographie, l'ethnographie, la construction pratique et les productions coloniales.

V

INSTITUT CATHOLIQUE DE PARIS.

FACULTÉ LIBRE DE THÉOLOGIE.

CHAIRES.

Théologie dogmatique.

Écriture sainte.

Histoire ecclésiastique.

Langues orientales.

Philosophie scolastique.

Droit canonique.

Droit civil.

Droit public ecclésiastique.

Histoire du droit canonique.

FACULTÉ LIBRE DE DROIT.

LICENCE.

Première année.

Droit romain.

Code civil.

Économie politique.

Histoire du droit.

Deuxième année.

Droit romain.

Code civil.

Droit administratif.

Droit criminel.

Procédure civile.

Droit international public.

Troisième année.

Code civil.

Droit administratif.

Droit commercial.

Droit international privé.

DOCTORAT.

Pandectes.

Droit romain approfondi.

Droit civil approfondi.

Droit coutumier.

Histoire du droit.

Droit constitutionnel.

Droit des gens.

Conférences de droit romain.

Conférences de droit français.

ÉCOLE LIBRE DES HAUTES ÉTUDES SCIENTIFIQUES ET LITTÉRAIRES.

Cette dénomination désigne l'ensemble des cours qui représentent, dans l'Institut catholique, l'enseignement scientifique et littéraire. Les étudiants externes acquittent un droit de 300 francs par an.

COURS SCIENTIFIQUES.

Calcul différentiel et intégral.
Mathématiques spéciales.
Physique.

Chimie.
Minéralogie et géologie.

CONFÉRENCES.

Analyse.
Astronomie.
Mécanique.

Physique.
Chimie.
Minéralogie.

COURS LITTÉRAIRES.

Apologétique chrétienne.
Antiquités grecques et romaines.
Histoire de la langue française.
Langue et littérature allemandes.
Philosophie.
Histoire de la philosophie.

Histoire littéraire grecque, latine et française.
Histoire générale et géographie.
Grammaire générale et métrique.
Institutions françaises, grecques et romaines.

ÉCOLE CATHOLIQUE DE THÉOLOGIE DE SAINT-SULPICE.

Les études durent cinq années. Les deux premières passées dans la maison d'Issy sont consacrées à l'étude de la philosophie et des sciences naturelles.

Les trois autres années passées à Saint-Sulpice sont consacrées à la théologie.

MATIÈRES ENSEIGNÉES.

Théologie dogmatique.
Théologie morale.
Droit canon.

Écriture sainte.
Langue hébraïque.
Histoire ecclésiastique.

La pension est de 760 francs pour l'année scolaire.

VI

CONSERVATOIRE NATIONAL DES ARTS ET MÉTIERS.

Les cours sont publics et gratuits. L'enseignement comprend :

La géométrie appliquée aux arts.
La géométrie descriptive.
La mécanique appliquée aux arts.
Les constructions civiles.

La physique appliquée aux arts
La chimie générale.
La chimie industrielle.
La chimie appliquée aux indus.

tries de la teinture, de la céramique et de la verrerie.

La chimie agricole et l'analyse chimique.

L'agriculture.

Les travaux agricoles et le génie rural.

La filature et le tissage.

L'économie politique et la législation industrielle.

L'économie industrielle et la statistique.

Le droit commercial.

Deux nouvelles chaires vont être créées : celle de la métallurgie et du travail des métaux, et celle de l'électricité industrielle ou mécanique.

Le Conservatoire possède des musées technologiques et de nombreuses collections de machines, de leurs modèles et de leurs plans.

ÉCOLE NATIONALE SUPÉRIEURE DES MINES.

L'École nationale supérieure des mines est spécialement destinée à former des ingénieurs du corps des mines. Indépendamment des élèves ingénieurs, l'École reçoit des élèves externes, des élèves étrangers et des élèves libres.

Les élèves ingénieurs sont pris exclusivement parmi les élèves sortant de l'École polytechnique. Les élèves externes sont spécialement préparés pour les positions qu'offre l'industrie.

Leur admission a lieu par voie de concours.

Les élèves étrangers sont admis par décision du ministre sur la demande de leur ambassadeur et à la suite d'un examen de capacité.

Les élèves libres sont, sur leur demande personnelle, autorisés à suivre les cours et exercices pratiques.

L'enseignement est commun aux diverses catégories d'élèves. La durée des études est de trois ans pour les élèves sortis de l'École polytechnique et de quatre pour les élèves qui sont obligés de suivre les cours préparatoires.

Aux élèves étrangers on délivre à la fin des études un certificat d'études.

L'enseignement est absolument gratuit.

L'enseignement spécial de l'école comprend les 16 cours suivants dont les trois premiers seuls sont publics :

Minéralogie.

Géologie.

Paléontologie.

Exploitation des mines.

Machines.

Métallurgie.

Chimie analytique.

Chimie industrielle.

Géologie appliquée.

Construction.

Chemins de fer.

Législation.

Économie industrielle.

Artillerie.

Topographie.

Langues allemande et anglaise.

Les connaissances exigées pour l'admission des élèves externes à l'École nationale supérieure des mines sont les suivantes :

1° Des notions d'analyse infinitésimale ;

2° La mécanique ;

3° La géométrie descriptive et ses applications ;

4° Les parties de la physique qui traitent plus spécialement des gaz, des vapeurs, de la chaleur et des instruments d'optique ;

5° La chimie générale ;

6° Le dessin géométrique et le lavis.

ÉCOLE DES MANUFACTURES.

(*Fabrication du tabac et des allumettes.*)

Le but de l'École est de former des ingénieurs capables de construire les bâtiments, les instruments et les outils nécessaires à la fabrication.

Les élèves sortent de l'École polytechnique, mais les étrangers recommandés par leur ministre, et agréés par le ministre des finances, sont admis à suivre les cours.

Le programme de l'enseignement comprend :

La chimie.	La construction.
L'analyse chimique.	La mécanique appliquée.
La résistance des matériaux.	La fabrication des tabacs.
La fabrication des machines à vapeur.	La fabrication des poudres.
Les machines et outils spéciaux.	L'administration et la comptabilité industrielle.

ÉCOLE DU GÉNIE MARITIME.

Quai de la Tournelle, n° 27.

Cette École est destinée à former les ingénieurs de la marine.

Les élèves du génie maritime sont choisis parmi les jeunes gens qui ont fait au moins deux ans d'études à l'École polytechnique.

Les jeunes gens nationaux ou étrangers qui justifient auprès du directeur d'une instruction préalable suffisante et qui obtiennent l'autorisation du ministre sont admis, à titre d'élèves libres, à suivre les cours techniques oraux portant sur les matières suivantes : construction navale, machines à vapeur, théorie du navire, résistance des matériaux, technologie, mécanique appliquée, artillerie navale, électricité appliquée, régulation du compas.

Les connaissances exigées des candidats aux places d'élèves libres comprennent : 1° analyse : le calcul différentiel et le calcul intégral ; 2° mécanique : la mécanique complète et un certain nombre d'applications aux machines ; 3° géométrie descriptive : l'étude des courbes et surfaces principales, la perspective, les projections cotées et des éléments de charpentes ; 4° physique : la chaleur, la thermodynamique, l'électricité et le magnétisme, l'optique ; 5° chimie : les métalloïdes et les métaux ; 6° le dessin graphique et le lavis.

Sont réputés admissibles et dispensés de l'examen préalable : 1° les anciens élèves de l'École polytechnique ; 2° les candidats étrangers officiers ou fonctionnaires qui auront été présentés comme tels par leurs gouvernements.

Un diplôme est délivré à tout élève libre ayant obtenu une somme totale de points égale au moins à 1240. Un certificat d'études est délivré à tout élève libre ayant obtenu une somme de points inférieure à 1240 mais égale au moins à 990.

L'enseignement donné aux élèves de l'Ecole d'application du génie maritime dure deux ans.

ÉCOLE D'HYDROGRAPHIE.

L'École est installée à Paris, au dépôt des cartes de la marine, rue de l'Université.

Les élèves hydrographes sont pris parmi les élèves de l'École polytechnique qui ont été déclarés admissibles dans les services publics.

Les élèves hydrographes après 2 années d'études sont nommés sous-ingénieurs de 3e classe au fur et à mesure des vacances.

Les ingénieurs hydrographes sont chargés des reconnaissances hydrographiques, du levé et de la construction des cartes marines.

Ils s'occupent également de la construction, de la réparation et de la conservation des instruments de précision, du dépouillement des documents nautiques et scientifiques recueillis par le dépôt de la marine; de la rédaction des instructions ou avis à l'usage des navigateurs, de la publication d'ouvrages scientifiques, de l'observation des marées, du régime des eaux, et des phénomènes magnétiques utiles à la navigation.

ECOLE DES PONTS ET CHAUSSÉES.

ADMISSION DES ÉLÈVES EXTERNES AUX COURS DE L'ÉCOLE.

Outre les élèves ingénieurs qui sortent de l'École polytechnique, l'École des ponts et chaussées reçoit des élèves externes, tant Français qu'étrangers, admis à participer aux travaux intérieurs de l'École.

PROGRAMME DE L'ENSEIGNEMENT.

La construction des routes, des ponts, des chemins de fer, des canaux, des ports maritimes.

L'amélioration des rivières.

L'architecture civile.

La mécanique appliquée (résistance des matériaux et hydraulique).

Les machines à vapeur.

L'hydraulique agricole.

Les connaissances géologiques et minéralogiques nécessaires aux ingénieurs.

Le droit administratif et l'économie politique.

Les travaux intérieurs de l'école ont pour but d'exercer les élèves sur les objets suivants :

1° Travaux graphiques, dessin, lavis, rédaction de mémoires et concours sur des projets de travaux d'art et de construction ;

2° Manipulation et essai de matériaux de construction ;

3° Nivellement et levé des plans; levé de machines et de bâtiments.

L'enseignement dure trois années; il est entièrement gratuit.

CONDITIONS D'ADMISSION CONCERNANT LES ÉLÈVES EXTERNES.

Le programme de connaissances exigées pour être admis à l'École des ponts et chaussées comprend : l'arithmétique, l'algèbre, la géométrie élémentaire, la trigonométrie rectiligne, la géométrie analytique à deux et à trois dimensions, des notions de géométrie descriptive avec application à la coupe de pierre et à la charpente; des notions de calcul différentiel et intégral, de mécanique, d'architecture, de physique et de chimie.

Les candidats nés en France doivent être âgés de dix-huit ans au moins et de vingt-cinq ans au plus.

Les candidats étrangers sont prévenus qu'une habitude suffisante de la langue française est exigée pour l'admission.

Outre les élèves externes, des auditeurs libres peuvent être admis sur l'autorisation du directeur de l'École à suivre les cours oraux.

ÉCOLE SUPÉRIEURE DE TÉLÉGRAPHIE.

Cette école est destinée spécialement à former les fonctionnaires du service technique des postes et télégraphes et à assurer le recrutement des ingénieurs des postes et télégraphes.

L'école est divisée en deux sections.

Indépendamment des élèves de l'Ecole polytechnique classés d'après leur rang de sortie dans les télégraphes, l'Ecole reçoit d'autres élèves qui y sont admis par voie de concours, et des auditeurs libres français ou étrangers dûment autorisés à suivre les cours et conférences de l'Ecole.

1re SECTION.

COURS PRÉPARATOIRES.

Pour permettre aux agents des postes et des télégraphes d'acquérir ou de compléter les connaissances exigées pour l'entrée à l'Ecole supérieure de télégraphie, des cours préparatoires, qu'ils sont seuls admis à suivre, sont institués près de cette Ecole.

La durée des cours préparatoires est fixée à 18 mois.

Tout candidat doit avoir eu vingt ans au moins et trente ans au plus au 1er janvier de l'année du concours.

Le concours d'admission aux cours préparatoires a lieu tous les ans.

Les connaissances exigées pour l'admission aux cours préparatoires sont les suivantes :

1° Notions générales sur le service des postes et télégraphes en France ;

2° La géographie, l'histoire de France et des notions sommaires de l'histoire générale ;

3° L'arithmétique, l'algèbre, la géométrie, la physique, l'électricité, le magnétisme, la chimie;

4° Le dessin graphique.

PROGRAMME DES COURS PRÉPARATOIRES.

Cours d'histoire des relations sociales et du progrès scientifique;
Droit administratif et comptabilité générale ;
Législation et exploitation postales et télégraphiques;
Sciences appliquées ;
Appareils télégraphiques et téléphoniques ;
Construction et matériel.

2ᵉ SECTION.

PROGRAMME DES CONDITIONS ET DES CONNAISSANCES EXIGÉES POUR L'ADMISSION A L'ÉCOLE SUPÉRIEURE DE TÉLÉGRAPHIE.

Mathématiques, physique, chimie.
Calcul différentiel.
Calcul intégral.

Mécanique.
Physique.
Chimie.
Anglais et allemand.

L'admission des élèves a lieu par voie de concours. Ce concours a lieu tous les deux ans seulement. Sont admis à concourir :

Les agents des postes et télégraphes comptant deux ans de service.
Les licenciés es sciences.
Les anciens élèves de l'École polytechnique.
—   —   —   normale.
—   —   —   des mines.
—   —   —   des ponts et chaussées.
—   —   —   forestière.
—   —   —   centrale des arts et manufactures, ayant satisfait aux examens de sortie.

Les candidats doivent être Français ou naturalisés Français et être âgés de 20 ans au moins et de 30 ans au plus.

Les cours sont répartis sur deux années consécutives et ont lieu alternativement tous les deux ans.

PROGRAMME DES COURS.

1ʳᵉ *année.*

COURS.

Physique théorique (électricité et magnétisme).
Télégraphie (appareils).
Exploitation télégraphique.
Exploitation postale.
Architecture et construction.

CONFÉRENCES.

Télégraphie militaire.

Allemand.
Anglais.

EXERCICES PRATIQUES.

Dessin.
Manipulations.
Visites aux bureaux de poste et de télégraphe.

2ᵉ *année.*

COURS.

Chimie appliquée à la télégraphie.
Mesure électrique.
Construction des lignes télégraphiques.

CONFÉRENCES.

Téléphonie, lumière électrique, transport de la force.

Électricité appliquée aux chemins de fer.
Allemand.
Anglais.

EXERCICES PRATIQUES.

Mesure électrique.
Visites aux usines, ateliers, etc.

Les élèves ingénieurs qui ont satisfait aux examens de sortie de l'École sont nommés sous-ingénieurs des télégraphes.

Les auditeurs libres et les étrangers peuvent obtenir un diplôme mentionnant les cours où ils ont obtenu un examen satisfaisant.

ÉCOLE CENTRALE DES ARTS ET MANUFACTURES.

Rue Montgolfier, n° 1.

Cette École est destinée à former des ingénieurs pour toutes les branches de l'industrie et pour les travaux et services publics. Tandis qu'à l'École polytechnique on fait de la théorie transcendante, ici on fait de la théorie et de l'application.

L'École admet les étrangers, ne réclame de ses candidats aucun diplôme et ne fixe pas de limite d'âge.

Les matières de l'examen d'entrée sont : la géométrie analytique, l'algèbre élémentaire et spéciale, la géométrie pure et la géométrie descriptive, la physique et la chimie élémentaire, le dessin d'architecture et de machines.

La durée des études est de trois ans.

Le prix de l'enseignement y compris les frais qu'entraînent les diverses manipulations est de 800 francs par an.

A la fin de la troisième année a lieu le concours du diplôme qui donne le titre d'Ingénieur des arts et manufactures aux élèves qui ont satisfait d'une manière complète à toutes les épreuves du concours, ou un simple certificat de présence à l'École.

L'École possède quatre spécialités :

Les mécaniciens (s'occupant des machines à vapeur et autres machines motrices).

Les constructeurs (qui s'occupent de l'architecture et des constructions de toutes sortes).

Les métallurgistes (s'occupant de l'exploitation des mines et du traitement des minerais).

Les chimistes.

ENSEIGNEMENT.

1ʳᵉ année :

COURS.

Géométrie descriptive.
Physique générale.
Chimie générale.
Cinématique.
Construction des machines.
Hygiène et histoire naturelle appliquées.
Minéralogie et géologie.
Architecture.
Botanique et spécialement la flore des plantes vulgaires de la France (enseignement agricole).
Zoologie, et spécialement la faune des animaux communs de la France (enseignement agricole).
Dessin industriel, dessin d'ensemble.

TRAVAUX PRATIQUES.

Manipulations de chimie.
Manipulations de physique.
Manipulations de stéréotomie.
Levés, travaux graphiques, problèmes.

2ᵉ année :

COURS.

Mécanique appliquée.
Résistance des matériaux employés dans les machines et dans les constructions.
Construction et établissement des machines.
Chimie analytique.
Chimie industrielle.
Chimie minérale.
Métallurgie.

Constructions civiles.
Physique industrielle.
Législation industrielle.
Céramique.
Teinture.
Art de la verrerie.

TRAVAUX PRATIQUES.

Manipulations de physique industrielle.
Levés de terrains.
Jaugeage d'un cours d'eau.
Construction de machines.
Travaux graphiques, projets.

3e *année :*

COURS.

Mécanique appliquée.
Construction et établissement de machines.
Chimie industrielle et agricole.
Métallurgie générale et métallurgie du fer.
Exploitation des mines.
Travaux publics.
Chemins de fer.

TRAVAUX PRATIQUES.

ÉCOLE MUNICIPALE DE PHYSIQUE ET DE CHIMIE INDUSTRIELLES.

Rue de Lhomond, n° 42.

Cette École est destinée à servir de complément aux écoles d'enseignement primaire supérieur et à fournir aux jeunes gens, sortant de ces écoles, les moyens d'acquérir des connaissances scientifiques spéciales qui leur permettent d'occuper, dans l'industrie privée, des emplois d'ingénieurs, de chimistes ou de chefs d'atelier.

La durée des cours d'études est de trois années.

Chaque année comprend 30 élèves admis par voie de concours.

Le concours comprend des épreuves écrites et des épreuves orales sur les mathématiques, la physique, la chimie; une narration française.

A la fin de la troisième année, il est délivré des certificats aux élèves qui ont subi les examens de sortie d'une manière satisfaisante et des diplômes à ceux qui se sont particulièrement distingués.

COURS.

Première année.

Hydrostatique et chaleur.
Électricité et magnétisme.
Chimie générale.
Chimie minérale.
Chimie analytique.
Mathématiques.

Deuxième année.

Optique et acoustique.
Hydrostatique et chaleur.
Chimie organique.
Chimie minérale.
Chimie analytique.

Chimie minérale appliquée à l'industrie.
Chimie organique appliquée à l'industrie.
Mathématiques et mécanique.

Troisième année.

Electricité et magnétisme.
Optique et acoustique.
Chimie organique.
Métallurgie.
Chimie biologique.
Chimie organique appliquée à l'industrie.

Le cadre des études étant borné aux sciences physico-chimiques et à leurs applications, le côté pratique a reçu des développements étendus et en rapport avec son importance.

VII

ÉCOLE NATIONALE ET SPÉCIALE DES BEAUX-ARTS.

Cette École donne l'enseignement des arts du dessin, de la peinture, de la sculpture, de l'architecture et de la gravure (taille-douce, médailles, pierres fines).

Pour l'inscription à l'école, les Français doivent produire un extrait d'acte de naissance ;

Les étrangers, une lettre d'introduction du ministre, de l'ambassadeur ou du consul général de leur nation.

ÉPREUVES D'ADMISSION
DANS LA SECTION DE PEINTURE, COMPRENANT AUSSI LA GRAVURE EN TAILLE-DOUCE.

Ces épreuves ont lieu deux fois par an et consistent en :

1º Une figure dessinée d'après nature à l'une des sessions, d'après l'antique à l'autre session, exécutée en douze heures.

Les candidats admis à la suite de cette première épreuve sont seuls autorisés à subir les épreuves ci-après :

1º Un dessin d'anatomie (ostéologie) exécuté en loge en deux heures.

2º Un dessin exécuté en quatre heures d'après nature avec les indications des principales lignes perspectives.

3º Un fragment de figure modelé d'après l'antique exécuté en neuf heures.

4º Une étude élémentaire d'architecture exécutée en loge en six heures.

5º Un examen sur les notions générales de l'histoire, écrit ou oral, au choix du candidat.

ÉPREUVES D'ADMISSION
DANS LA SECTION DE SCULPTURE, COMPRENANT AUSSI LA GRAVURE EN MÉDAILLES ET EN PIERRES FINES.

Ces épreuves ont lieu deux fois par an et consistent en :

1º Une figure modelée d'après nature à l'une des sessions, d'après l'antique à l'autre session, exécutée en douze heures.

Les candidats admis à la suite de cette première épreuve sont seuls autorisés à subir les épreuves ci-après :

1º Un dessin d'anatomie (ostéologie) exécuté en loge en deux heures.

2º Un fragment de figure dessiné d'après l'antique et exécuté en douze heures.

3º Une étude élémentaire d'architecture exécutée en loge en six heures.

4º Un examen sur les notions générales de l'histoire, écrit ou oral au choix du candidat.

ÉPREUVES D'ADMISSION
DANS LA SECTION D'ARCHITECTURE.

Ces épreuves ont lieu deux fois par an et consistent en :

1º Un dessin d'une tête ou d'un ornement, d'après un plâtre, exécuté en huit heures.

2° Une composition d'architecture exécutée en loge, en une seule séance de douze heures.

3° Le modelage d'un bas-relief, d'après un plâtre, en huit heures.

Les candidats admis à la suite de ces premières épreuves sont seuls autorisés à subir les épreuves ci-après :

1° Une épreuve d'histoire ;

2° Une épreuve de mathématiques comprenant :

a. Des exercices de calculs faits en loge ;

b. Un examen d'arithmétique, d'algèbre et de géométrie ;

c. Un examen de géométrie descriptive.

Les élèves qui veulent entrer dans la section d'architecture doivent avoir des notions :

D'arithmétique.	De géométrie dans l'espace.
D'algèbre.	De géométrie descriptive.
De géométrie (élémentaire) plane.	

Tous les candidats (peinture, sculpture et architecture) sont interrogés sur l'histoire ancienne et l'histoire moderne.

L'enseignement comprend les cours oraux, les exercices et examens et concours de l'École proprement dite, les exercices et concours des ateliers.

Les cours professés à l'École sont : l'histoire générale, l'anatomie, la perspective à l'usage des peintres et des architectes, les mathématiques et la mécanique, la géométrie descriptive, la physique et la chimie, la chimie des couleurs, la stéréotomie et levé de plans, la construction, la législation du bâtiment, l'histoire de l'architecture, la théorie de l'architecture, le dessin ornemental, la composition décorative, la littérature, l'histoire et l'archéologie, l'histoire de l'art et l'esthétique.

De nombreuses académies privées, dirigées par les artistes les plus éminents, complètent l'enseignement des beaux-arts à Paris.

ÉCOLE SPÉCIALE D'ARCHITECTURE.

Boulevard Montparnasse, n° 136.

Cette École est une institution de haut enseignement professionnel. Elle dispense toutes les connaissances techniques nécessaires à l'architecte de profession, en même temps qu'elle rompt l'esprit de l'étudiant à la méthode artistique qui doit le guider dans sa carrière ; elle admet des nationaux et des étrangers ; elle peut admettre également des auditeurs libres.

Les études normales sont de trois années.

Le régime de l'École est l'externat.

Le prix de l'enseignement est de 850 francs par an. Il n'y a pas de limite d'âge.

Nul n'est admis à l'École qu'après avoir subi les épreuves d'admission, comprenant :

1° Un dessin d'après un ornement en relief ;

2° Le dessin (plan, coupe, élévation) d'un édifice rendu sur un croquis coté ;

3° Une composition française ;

4° Un examen oral portant sur l'arithmétique, l'algèbre, la géométrie, la géométrie descriptive, la géographie.

A la fin de la troisième année d'études, les élèves, qui ont satisfait à toutes les épreuves réglementaires de l'enseignement, sont admis à un concours général pour l'obtention d'un diplôme.

La Ville de Paris a fondé des bourses à l'École spéciale d'architecture.

ÉCOLE NATIONALE DE DESSIN POUR LES JEUNES FILLES.

Rue de Seine, n° 10.

L'enseignement est gratuit.

Les élèves y sont admises de douze à vingt-cinq ans.

Des cours y sont créés pour diriger les élèves dans la voie des applications décoratives et les aider à acquérir des connaissances multiples, indispensables surtout à celles qui se destinent à passer les examens de la ville et de l'État.

Deux bourses de 400 francs, deux de 300 francs et deux de 200 francs, sont données aux élèves qui ont remporté le plus de prix dans les études supérieures.

ÉCOLE NATIONALE DES ARTS DÉCORATIFS.

Rue de l'École-de-Médecine, n° 5.

Il faut être âgé de dix ans pour suivre les cours du matin et de quatorze ans pour suivre les cours du soir.

Les élèves doivent toujours être porteurs de leur carte d'inscription.

Les étrangers y sont admis sur la demande du consul de leur nation.

L'École est dotée de huit bourses :

Une de 600 francs.

Trois de 480 francs.

Quatre de 360 francs.

L'enseignement y est gratuit.

Les élèves français sont seuls admis aux bénéfices des bourses.

VIII

CONSERVATOIRE NATIONAL DE MUSIQUE ET DE DÉCLAMATION.

Le Conservatoire national de musique et de déclamation est consacré à l'enseignement gratuit de la musique vocale et instrumentale et de la déclamation dramatique et lyrique.

Cet enseignement se divise en neuf sections : 1° solfège et théorie musicale; 2° harmonie, orgue et composition; 3° chant, déclamation lyrique; 4° piano, harpe; 5° instruments à archet; 6° instruments à vent; 7° classe d'ensemble; 8° lecture à haute voix, diction et déclamation dramatique; 9° histoire générale de la musique; histoire et littérature dramatique.

CONDITIONS D'ADMISSION.

On n'est admis élève au Conservatoire que par voie d'examen et des concours.

Aucun aspirant ne peut être admis s'il a moins de neuf ans ou plus de vingt-deux ans.

Les aspirants étrangers peuvent être reçus avec l'autorisation spéciale du ministre. Ils jouissent des mêmes droits et sont soumis aux mêmes services que les élèves nationaux; il ne peut y avoir plus de deux élèves étrangers par classe.

Il y a au Conservatoire national de musique et de déclamation :

1° Une bibliothèque composée d'œuvres musicales et dramatiques et de publications relatives à la musique et à l'art théâtral ;

2° Un musée composé d'instruments de musique anciens et modernes.

IX

ÉCOLE DES HAUTES ÉTUDES COMMERCIALES ET ÉCOLE PRÉPARATOIRE.

108, boulevard Malesherbes et 43, rue de Tocqueville.

L'École des hautes études commerciales est destinée à couronner, par un enseignement élevé, les études faites dans les établissements spéciaux, et à donner aux jeunes gens, qui sortent des lycées et des collèges, les connaissances nécessaires pour arriver promptement à la direction des affaires de la banque, du commerce et de l'industrie.

Les jeunes gens étrangers doivent indiquer les diplômes dont ils sont munis; dans certains cas ces diplômes peuvent les dispenser des examens d'entrée.

L'enseignement comprend deux années d'études.

Les candidats doivent avoir seize ans au moins quand ils entrent à l'École.

Le prix du demi-pensionnat est fixé à 1 300 francs par an.

Le prix de l'internat est fixé à la somme de 2 800 francs par an.

COURS.

Comptabilité générale et bureau commercial.

Mathématiques appliquées au commerce.

Études des marchandises.

Essai de marchandises. Analyses, falsifications.

Manipulations.

Histoire du commerce.

Géographie commerciale.

Géographie, régime économique, administration des colonies françaises et pays de protectorat.

Code civil. Organisation judiciaire

et éléments de procédure civile.

Droit commercial, maritime et industriel.

Législation budgétaire et douanière.

Législation commerciale étrangère.

Économie politique.

Étude des transports.

Outillage commercial.

Travaux calligraphiques.

Sténographie.

Visites commerciales et industrielles.

Langue allemande.

— anglaise.

— arabe.

— chinoise.

— russe.

— espagnole.

— italienne.

— portugaise.

ÉCOLE PRÉPARATOIRE.

Les candidats âgés de quinze ans sont admis dans l'École préparatoire à toute époque de l'année et sans examen spécial.

L'École préparatoire reçoit des externes à   1 000 francs par an,

— des demi-pensionnaires à   1 300 francs.   —

— des internes à   2 200 francs.   —

COURS DE L'ÉCOLE PRÉPARATOIRE.

Langue française et correspondance commerciale.

Mathématiques.

Physique et chimie.

Comptabilité et notions élémentaires de droit.

Histoire.

Géographie.

Langue anglaise.

Langue allemande.

Dessin.

Calligraphie.

Sténographie.

ÉCOLE SUPÉRIEURE DE COMMERCE.

N° 102, rue Amelot.

Cette École supérieure de commerce est destinée à former des négociants, des banquiers, des administrateurs, des directeurs, des employés d'établissements industriels et commerciaux. Son enseignement convient spécialement aux jeunes gens qui veulent suivre la carrière du commerce, de l'administration, des finances, des consulats, etc.

Le cours complet d'études dure trois ans.

Le prix de la pension est fixé à 2 000 francs par an pour les élèves internes, et 1 000 francs pour les élèves demi-pensionnaires âgés de quinze ans révolus.

PROGRAMME DES COURS.

Arithmétique et algèbre.

Géométrie.

Comptabilité.

Géographie commerciale.

Histoire du commerce.

Droit commercial.

Économie politique.

Langue française.

Langue anglaise.

Langue allemande.

Langue espagnole.

Langue italienne.

Chimie industrielle.
Physique appliquée.
Mécanique industrielle.
Technologie.
Matières premières.
Histoire naturelle.
Physique et chimie élémentaires.

Géographie générale.
Histoire de France.
Droit usuel.
Écriture.
Dessin.
Sténographie.

ARTS D'AGRÉMENT.

Piano et solfège.
Flûte.
Violon.
Danse.

Escrime.
Canne et boxe.
Équitation (manège).
Gymnastique.

Visites commerciales et industrielles en France et à l'étranger.

ÉCOLE COMMERCIALE.

Avenue Truduine, 23 bis.

La Chambre de commerce de Paris, en fondant l'École commerciale, a voulu créer un établissement où la jeunesse puisse trouver l'enseignement spécial nécessaire aux diverses carrières du commerce, de la banque et de l'administration.

Trente bourses sont mises au concours chaque année, le premier jeudi de juillet, entre les élèves du dehors et ceux de l'École.

L'École commerciale ne reçoit que des élèves externes.

L'enseignement de l'École commerciale comprend quatre années d'études.

La rétribution annuelle est de 220 francs.

La Chambre de commerce délivre à la suite des examens, qui se font chaque année, des diplômes et des certificats aux élèves qui, après avoir achevé leur quatrième année, ont fait preuve de connaissances réelles sur l'ensemble des facultés mentionnées aux programmes de l'enseignement.

PROGRAMME DE L'ENSEIGNEMENT.

Langue française.
Mathématiques.
Comptabilité.
Littérature.
Histoire.
Géographie.
Droit usuel et commercial.
Économie politique.

Langue allemande et anglaise.
Calligraphie.
Dessin.
Conférences littéraires.
Conférences scientifiques.
Langue italienne et espagnole.
Sténographie.

INSTITUT COMMERCIAL.

École préparatoire au commerce d'exportation, 19, rue Blanche.

L'Institut commercial de Paris se distingue des autres écoles de commerce par son but comme par la nature de son enseignement.

Ses fondateurs, tous négociants ou industriels, ont voulu en faire par-dessus tout une école spéciale préparatoire au commerce d'exportation.

La durée des études normales est de trois années.

Les élèves sont admis à l'âge de treize ans.

La rétribution scolaire est fixée à 250 francs par an pour les cours ordinaires, et 200 francs pour les cours élémentaires.

PROGRAMME DES COURS.

Langue française.
Langue anglaise.
Langue allemande.
Langue espagnole.
Géographie commerciale.
Histoire.
Mathématiques.
Physique et chimie.
Histoire naturelle.
Droit civil.
Droit commercial.
Économie politique.
Exportation (théorie et pratique).

Comptabilité.
Étude des marchandises.
Cours d'assurances.
Dessin linéaire.
Dessin d'ornement.
Sténographie.
Calligraphie.
Conférences sur la géographie commerciale et industrielle de la France.
Conférences sur la comptabilité pratique.

L'enseignement commercial est encore donné par :

L'Association philotechnique qui, avec ses 268 professeurs titulaires et ses cours gratuits, a pour but de donner aux adultes des deux sexes une instruction appropriée à leurs professions. Elle a établi des cours relatifs au commerce, à l'industrie, et aux arts, et des conférences scientifiques et littéraires.

La société pour l'enseignement professionnel des femmes, qui a pour but de les préparer au commerce et à l'industrie.

Les cours commerciaux du grand Orient de France.

Les cours gratuits de comptabilité pour les femmes.

Les cours d'enseignement commercial de la Ville de Paris.

Les cours gratuits, professionnels, commerciaux pour les deux sexes.

Les cours de comptabilité élémentaire, pour jeunes filles et jeunes gens.

L'institut Polyglotte.

La société commerciale pour l'étude des langues étrangères, etc.

X

INSTITUT NATIONAL AGRONOMIQUE.

L'Institut agronomique a pour but de former :

1° Des agriculteurs et des propriétaires possédant les connaissances scientifiques nécessaires pour la meilleure exploitation du sol ;

2° Des professeurs spéciaux pour l'enseignement agricole dans les Écoles nationales, les Écoles pratiques d'agriculture dans les départements, dans les Écoles normales, etc. ;

3° Des administrateurs instruits et capables pour les divers services publics ou privés, dans lesquels les intérêts de l'agriculture sont engagés (inspection de l'agriculture, service des haras, du phylloxéra, administration centrale de l'agriculture) ;

4° Des agents pour l'administration des forêts ;

5° Des directeurs de stations agronomiques ;

6° Des chimistes ou directeurs pour les industries agricoles (sucreries, féculeries, distilleries, fabriques d'engrais, etc.) ;

7° Des ingénieurs agricoles (drainages, irrigations, constructions de machines).

L'Institut se compose de l'École supérieure d'agriculture et de la ferme expérimentale de la Faisanderie.

La durée des études est de deux ans, après lesquels l'élève, qui en est jugé digne, reçoit le diplôme de l'enseignement supérieur de l'agriculture et porte le titre d'ingénieur agricole. Tous les ans, les deux élèves placés les premiers sur la liste de sortie peuvent recevoir aux frais de l'État une mission complémentaire d'études, soit en France, soit à l'étranger. Cette mission a une durée de trois années. Les élèves diplômés qui en sont jugés dignes sont admis à faire une année complémentaire d'études dans les laboratoires de l'école d'application.

L'admission a lieu à la suite d'un concours.

CONNAISSANCES EXIGÉES.

Mathématiques.	Cosmographie.
Arithmétique.	Physique.
Géométrie descriptive.	Chimie.
Algèbre.	Géographie.
Trigonométrie.	Langues vivantes.
Mécanique.	

Indépendamment des élèves réguliers, l'Institut reçoit des auditeurs libres.

Les étrangers peuvent être admis, soit comme élèves, soit comme auditeurs libres. Ils sont soumis aux mêmes conditions que les nationaux.

Le régime de l'École est l'externat.

La rétribution scolaire pour l'enseignement et les frais d'examen est fixée à 500 francs par an.

PROGRAMME DE L'ENSEIGNEMENT.

Technologie agricole.	Génie rural.
Zoologie.	Chimie générale.
Agriculture générale.	Agriculture spéciale.
Minéralogie et géologie.	Économie rurale.
Physique et météorologie.	Chimie analytique.
Législation rurale et droit administratif.	Botanique.
	Viticulture.

Anatomie et physiologie.   Zootechnie.
Agriculture comparée.   Chimie appliquée à l'agriculture.
Sylviculture.   Mécanique et machines.

CONFÉRENCES.

Agriculture et zoologie.   Arboriculture, horticulture et
Économie politique.   viticulture.
Hygiène et zootechnie.   Comptabilité.
Hippologie.   Physiologie végétale et bota-
                                  nique.

Les élèves sont exercés sur le terrain aux levés de plans, aux croquis des machines. Les cours de physique et de chimie sont complétés par les expériences et les manipulations ; les exercices pratiques sont complétés par les visites de fermes, de marchés de bestiaux, etc.

L'École possède une bibliothèque spéciale de 30,000 volumes et des laboratoires de pathologie végétale, des stations et des laboratoires spéciaux pour l'étude des ferments.

Station agronomique, champ d'expériences et d'études pratiques, à Vincennes.

XI

ÉCOLE SUPÉRIEURE DE GUERRE.

L'admission a lieu par voie de concours.

COURS.

Tactique appliquée à l'infan-   Histoire militaire, stratégie et
terie.   tactique générale.
Tactique appliquée à la cavale-   Droit international.
rie.   Télégraphie militaire.
Tactique appliquée à l'artillerie. Chemins de fer.
Fortifications.   Mobilisation.
Service d'état-major.   Hygiène.
Géodésie et topographie.   Équitation.
Géographie.   Allemand.
Administration.   Russe.

ÉCOLE SPÉCIALE MILITAIRE DE SAINT-CYR.

Cette École qui est située à Saint-Cyr, près de Versailles, et qui ressortit au ministère de la guerre, est destinée à former des officiers pour l'infanterie, la cavalerie, l'infanterie de marine.

L'admission a lieu chaque année à la suite de concours publics.

Pour être admis à concourir, les candidats doivent justifier qu'ils sont Français ou naturalisés ; qu'ils ont dix-sept ans au moins et comptent moins de vingt et un ans au 1er janvier de l'année du concours.

Les élèves non militaires doivent contracter un engagement volontaire de cinq ans, avant leur entrée à l'École.

Les épreuves du concours sont de deux sortes: les unes pour l'admissibilité, les autres pour l'admission.

Nul ne peut être admis aux compositions s'il ne justifie de la possession de l'un des diplômes de bachelier ès lettres ou ès sciences, s'il n'est bachelier de l'enseignement secondaire spécial ou nanti du certificat de la première épreuve du baccalauréat ès lettres.

Les épreuves d'admissibilité comprennent les compositions écrites, c'est-à-dire : une composition française de la force de la classe des mathématiques élémentaires (2e année); un thème allemand, une composition mathématique comprenant une ou plusieurs questions et un calcul logarithmique; le tracé d'une épure de géométrie descriptive, d'après des données numériques; un dessin au crayon, la copie ombrée d'un paysage, un lavis à teintes plates et à teintes fondues exécuté à l'encre de Chine.

Les épreuves pour l'admission se composent, outre les compositions ayant servi à l'établissement de la liste d'admissibilité, d'examens oraux portant sur l'arithmétique, l'algèbre, la géométrie, la géométrie descriptive, la géométrie cotée, la trigonométrie rectiligne, la mécanique, la cosmographie, la physique, la géographie, l'histoire, la langue allemande, la langue anglaise, d'après les programmes officiels adoptés par le ministre.

Indépendamment de ces épreuves, les candidats en subissent une autre pour la constatation de leurs aptitudes physiques et de leur habileté dans les exercices d'équitation, d'escrime, de gymnastique.

La durée du cours d'instruction est de deux ans.

Le régime de l'École est l'internat. Les élèves sont soumis à la discipline militaire.

Le prix de la pension est de 1,500 francs et celui du trousseau de 600 à 700 francs.

Des bourses, demi-bourses, trousseaux et demi-trousseaux sont accordés par le ministre.

L'école reçoit chaque année un certain nombre d'étrangers.

ÉCOLE D'APPLICATION DE MÉDECINE ET DE PHARMACIE MILITAIRES.

L'École d'application de médecine et de pharmacie militaires, du Val-de-Grâce, est instituée pour donner aux médecins et pharmaciens stagiaires l'instruction professionnelle militaire spéciale, théorique et pratique, nécessaire pour rempl' dans l'armée les obligations de service qui incombent au corps de santé militaire.

Tout élève du service de santé militaire, reçu docteur en médecine ou pharmacien de 1re classe, est admis de plein droit à l'École d'application.

Les élèves du service de santé, admis à l'École d'application, y subissent un examen de classement qui comprend les épreuves suivantes :

Pour les élèves docteurs : 1° une composition écrite sur un sujet de pathologie générale ; 2° un examen de deux malades atteints, l'un d'une affection médicale, l'autre d'une affection chirurgicale; 3° une épreuve de médecine opératoire, précédée de la description de la région sur laquelle elle doit porter; 4° un interrogatoire sur l'hygiène.

Pour les élèves pharmaciens : 1° une composition écrite sur une question d'histoire naturelle, de médicaments et de matière médicale ; 2° interrogations sur la physique, la chimie, l'histoire naturelle et la pharmacie; 3° préparation de plusieurs médicaments inscrits au codex et détermination de substances diverses (minéraux usuels, drogues simples, plantes sèches ou fraîches, médicaments composés). A la suite de cet examen les élèves sont nommés stagiaires.

Le stage commence le 1er janvier et dure jusqu'au 1er novembre.

A partir de leur nomination les stagiaires reçoivent la subvention déterminée par les tarifs de solde et il leur est attribué une indemnité de première mise d'équipement.

Les examens de sortie sont divisés en trois groupes : un pour la médecine, un pour la chirurgie, un pour la pharmacie.

Les stagiaires, qui ont subi avec succès les épreuves de l'examen de sortie, quittent l'École avec le grade de médecin aide-major de 2e classe.

L'ancienneté est déterminée par le numéro de classement de sortie.

ÉCOLE DE DESSIN DU SERVICE GÉOGRAPHIQUE DE L'ARMÉE.

L'école de dessin, créée au service géographique de l'armée, a pour objet de former des dessinateurs topographes pour le service spécial de géographie.

Les candidats à l'école de dessin topographique doivent justifier qu'ils possèdent une instruction primaire suffisante, en présentant soit le certificat d'études primaires, soit tout autre certificat analogue obtenu dans les écoles de dessin, les ateliers, les écoles d'adultes, etc.

Nul n'est admis à l'école que par voie de concours. Le régime de l'école est l'externat.

Pour être admis à concourir, les candidats doivent justifier : 1° qu'ils sont Français ; 2° qu'ils sont âgés de quinze ans au moins et de dix-sept ans au plus, au 1er janvier de l'année du concours.

Les candidats admis au concours doivent exécuter :

1° Une page d'écriture faite sous la dictée;

2° La même page recopiée à main posée ;

3° Une épreuve de dessin linéaire, construction de figures de géométrie plane avec la règle, l'équerre et le compas;

4e Un dessin d'ornement ou de figure, d'après des modèles en plâtre ;

5° Une copie d'un fragment de carte topographique.

Des cours spéciaux de dessin, de gravure, de topographie, de géométrie et de géographie, de lecture des cartes françaises et étrangères sont faits aux élèves.

Pendant la belle saison des excursions topographiques sont organisées aux environs de Paris et complétées par la pratique des levés réguliers.

La durée normale des cours est fixée à deux années, pendant lesquelles les élèves n'ont droit à aucune solde.

Tous les six mois cependant des concours ont lieu, qui sont destinés à constater les progrès et les aptitudes de chacun. Des prix consistant en gratifications pécuniaires comprises entre 50 et 200 francs sont donnés à ceux qui se sont plus particulièrement distingués.

ÉCOLE D'ADMINISTRATION MILITAIRE A VINCENNES.

L'École est destinée à former le personnel nécessaire au recrutement des officiers d'administration, des bureaux de l'intendance militaire, des subsistances, des hôpitaux, de l'habillement et du campement.

Elle reçoit, par voie de concours, les sous-officiers de toutes armes admis au stage administratif.

XII

ÉCOLE NATIONALE VÉTÉRINAIRE A MAISONS-ALFORT.

L'École reçoit des élèves internes, des élèves demi-pensionnaires et des élèves externes.

Le prix de la pension des élèves internes est de :

600 fr. pour l'année scolaire ;

400 fr. pour les demi-pensionnaires;

200 fr. pour les externes.

Nul ne peut être admis à concourir, s'il n'a préalablement justifié qu'il a dix-sept ans au moins et vingt-cinq ans au plus, et s'il n'est possesseur de l'un des trois diplômes du baccalauréat ès lettres, ès sciences complet ou de l'enseignement secondaire spécial.

Le concours d'admission comprend :

Une composition française, la solution d'un problème d'arithmétique, algèbre et géométrie; une composition de physique, chimie et histoire naturelle.

La durée des études est de quatre années, après lesquelles les élèves reconnus capables d'exercer la médecine des animaux domestiques reçoivent un diplôme de vétérinaire.

L'enseignement comprend :

1° L'anatomie des animaux domestiques et l'extérieur du cheval ;

2° La physique, la chimie, la pharmacie et la toxicologie;

3° L'histoire naturelle et la matière médicale;

4° La physiologie des animaux domestiques, la tératologie et la thérapeutique;

5° La pathologie générale, la pathologie médicale et chirurgicale, la clinique, le manuel opératoire et la ferrure;

6° La pathologie des maladies contagieuses, la police sanitaire, l'inspection des viandes de boucherie, la médecine légale et la législation commerciale en matière de vente d'animaux;

7° L'hygiène et la zootechnie.

L'École vétérinaire accepte les étrangers au même titre que les nationaux.

XIII

INSTITUT POLICLINIQUE.

28, rue de Mazarin.

L'Institut a pour but de fournir aux étudiants en médecine une instruction pratique complète ; elle oppose la clinique à domicile à la clinique hospitalière.

Les services de l'établissement sont organisés de la façon suivante : médecine générale, chirurgie générale, maladies nerveuses, affections de la poitrine, tuberculoses, maladies des enfants, dermatologie et syphiligraphie, gynécologie et obstétrique, laryngologie, rhinologie et ontologie, ophthalmologie, maladies des voies urinaires, maladies de la bouche et des dents.

XIV

INSTITUT DENTAIRE.

L'enseignement est technique et professionnel.

Il comprend trois années d'études.

Le programme se compose d'un enseignement théorique et d'un enseignement pratique.

L'enseignement théorique porte sur les sciences physiques et naturelles.

Les sciences biologiques.

Les sciences spéciales ou appliquées à l'art dentaire.

L'enseignement pratique comprend :

L'enseignement de la dentisterie opératoire, la clinique.

L'enseignement de la prothèse dentaire, au laboratoire de l'École.

COURS.

Première année.

Physique.
Chimie.
Histoire naturelle, mécanique appliquée, anatomie.

Deuxième année.

Anatomie descriptive et physiologique.
Histologie.
Micrographie.
Dissection.

Pathologie générale.
Thérapeutique et matières médicales.

Troisième année.

Anatomie et physiologie dentaires humaines comparées.
Histologie dentaire, application du microscope.
Dissection.
Pathologie spéciale.
Thérapeutique spéciale.
Prothèse dentaire.

L'enseignement est divisé en trente inscriptions coûtant ensemble 1 200 francs, soit 400 francs par an.

XV

ÉCOLE NORMALE ISRAÉLITE ORIENTALE A AUTEUIL.

Cette école a pour but de recevoir les meilleurs élèves des écoles
israélites établies en Orient et en Afrique; de perfectionner ces élèves
dans la connaissance de la langue française et des langues orientales ;
de les mettre à même de distribuer à leur tour l'enseignement primaire
et de surveiller les institutions israélites d'enseignement professionnel
et agricole.

ENSEIGNEMENT.

Hébreu.   Sciences physiques et naturelles.
Français.   Pédagogie.
Littérature et diction.   Écriture.
Histoire.   Dessin.
Géographie.   Chant.
Éléments des sciences mathé-   Gymnastique.
matiques.

Les études durent quatre ans.
Les élèves sont pour la plupart originaires de Choumla, de Constanti-
nople, de Tanger, d'Andrinople, de Yamboli, de Sousse, de Damas, de
Widdin, de Jérusalem, de Tunis.
Les élèves, au cours de leurs études, subissent l'examen pour le
brevet de capacité d'instituteur en France.
Ils font un stage dans une école primaire israélite de France avant
de se rendre à l'étranger.
Il existe également une école normale israélite pour les jeunes filles.

———

XVI

BIBLIOTHÈQUES.

BIBLIOTHÈQUE NATIONALE.

1° Département des imprimés, cartes et collections géographiques.
2° Département des manuscrits (catalogues des manuscrits grecs,
    chinois, sanscrits, français, slaves, latins, hébreux, samari-
    tains, syriaques, sabéens, éthiopiens (gheez amharique), espa-
    gnols, italiens, pâlis, celtiques, arabes, anglais, néerlandais,
    danois, islandais, norwégiens, suédois, siamois, arméniens;
    des collections manuscrites relatives à l'histoire des provinces
    de Bourgogne, Bretagne, Champagne, Flandre, Languedoc,
    Lorraine, Périgord, Picardie, Poitou, Touraine et Vexin; des
    chartes et diplômes; inventaire des dépêches des ambassa-
    deurs vénitiens relatives à la France, etc.).
3° Département des médailles et antiques.
4° Département des estampes.
Pour obtenir une carte de travail, il faut adresser une demande à

l'administrateur en spécifiant que l'on travaille à un ouvrage pour lequel des monographies, n'existant que dans le grand dépôt de la rue de Richelieu, sont de toute nécessité. La bibliothèque (imprimés) est ouverte de 9 heures à 6 heures ou à 5 heures, suivant la saison. La salle publique de lecture, rue Colbert, est ouverte de 10 heures à 4 heures. On y trouve un catalogue de l'histoire de France en 13 volumes. Pour les publications parues depuis 1882 il existe un bulletin mensuel avec deux tables : l'une analytique, l'autre alphabétique. La salle d'exposition et le cabinet des médailles sont ouverts le mardi et le vendredi, de 10 heures à 4 heures.

Bibliothèque de l'Arsenal (1, rue de Sully).

8000 manuscrits. Ouverte tous les jours de 10 heures à 3 heures. Vacances du 15 août au 1er octobre.

Archives nationales (60, rue des Francs-Bourgeois).

Ouverte de 10 heures à 3 heures pour les communications sans déplacement. Les recherches sont soumises à des droits.

Bibliothèque du Conservatoire des arts-et-métiers (202, rue Saint-Martin).

Ouverte tous les jours, excepté le lundi, de 10 heures à 3 heures et de 7 heures 1/2 à 10 heures du soir.

Bibliothèque Sainte-Geneviève (Place du Panthéon).

160000 imprimés, 3000 manuscrits. Bibliothèque fort riche en ouvrages de jurisprudence. Ouverte de 10 heures à 3 heures et de 6 heures à 10 heures.

Bibliothèque Mazarine (23, quai Conti).

300000 imprimés, 5800 manuscrits. Collection Petit-Radel (modèles de monuments pélasgiques, de l'Italie, de la Grèce et de l'Asie Mineure). Ouverte de 11 heures à 5 heures.

Bibliothèque de la ville de Paris (musée Carnavalet, 23, rue Sévigné).

Histoire de la ville de Paris et de la Révolution. 60000 volumes, 40000 estampes, antiquités, dessins, tableaux, monuments, collection de numismatique. Ouverte de 10 heures à 4 heures.

Bibliothèque de l'Université.

Ouverte de 11 heures à 5 heures et de 7 heures à 10 heures. Les étudiants en sciences et en lettres, les candidats aux agrégations de l'enseignement secondaire ont la faculté d'emprunter des livres ; le prêt est limité à 5 ouvrages et sa durée à un mois.

Bibliothèque du Conservatoire national de musique et de déclamation.

La bibliothèque est composée d'œuvres musicales et dramatiques, et de publications relatives à la musique et à l'art théâtral. Ouverte tous les jours.

BIBLIOTHÈQUE DE L'ÉCOLE DES BEAUX-ARTS.

Les personnes étrangères à l'École sont admises à travailler sans permission spéciale; si elles voulaient pourtant la fréquenter d'une manière régulière, elles devraient obtenir une carte d'admission.

BIBLIOTHÈQUE DE L'ÉCOLE DES LANGUES ORIENTALES VIVANTES.

Ouverte aux élèves inscrits et aux auditeurs libres, munis d'une autorisation écrite de l'administrateur, de midi à 4 heures.

BIBLIOTHÈQUE DU MUSÉUM D'HISTOIRE NATURELLE.

Ouverte de 10 heures à 3 heures.

BIBLIOTHÈQUE DE L'ÉCOLE LIBRE DES SCIENCES POLITIQUES.

Ouverte de 10 heures du matin à 10 heures du soir. Rétribution : 30 francs pour les auditeurs inscrits; 60 francs pour les personnes étrangères à l'École.

BIBLIOTHÈQUE DE LA FACULTÉ DE THÉOLOGIE PROTESTANTE.

Ouverte de 9 heures à midi, et de 1 heure à 4 heures.

CHAPITRE II

I

Sciences mathématiques.

Astronomie physique, Faculté des sciences.
Astronomie mathématique, Faculté des sciences.
Algèbre supérieure, Faculté des sciences.
Géométrie supérieure, Faculté des sciences.
Calcul différentiel et intégral, Faculté des sciences.
Calcul des probabilités et physique mathématique, Faculté des sciences.
Mécanique rationnelle, Faculté des sciences.
Mécanique physique et expérimentale, Faculté des sciences.
Physique céleste, Faculté des sciences.
Mécanique et astronomie, Faculté des sciences.
Mécanique analytique et mécanique céleste, Collége de France.
Mathématiques, Collége de France.
Physique générale et mathématiques, Collége de France.
Calcul différentiel et intégral, École Normale.
Mécanique et astronomie, École Normale.
Mathématiques, École Normale.
Sciences mathématiques, École Polytechnique.
Calcul différentiel et intégral, École libre des Hautes Études scientifiques.
Mathématiques spéciales, École libre des Hautes Études scientifiques.
Astronomie et mécanique, École libre des Hautes Études scientifiques.
Géométrie appliquée aux arts, Conservatoire des Arts et Métiers.
Géométrie descriptive, Conservatoire des Arts et Métiers.
Mécanique appliquée aux arts, Conservatoire des Arts et Métiers.
Mécanique appliquée, École centrale des Arts et Manufactures.
Mathématiques et mécanique, École municipale de physique et de chimie industrielles.

II

Sciences physico-chimiques et minéralogie.

Chimie médicale, Faculté de médecine.
Physique médicale, Faculté de médecine.
Physique, Faculté des sciences.
Chimie, Faculté des sciences.

Minéralogie, géologie, Faculté des sciences.
Chimie organique, Faculté des sciences.
Chimie biologique, Faculté des sciences.
Analyse chimique quantitative, Faculté des sciences.
Chimie organique, Faculté des sciences.
Laboratoire de minéralogie, Faculté des sciences.
Chimie minérale, École de pharmacie.
Pharmacie chimique, École de pharmacie.
Physique appliquée, École de pharmacie.
Hydrologie et minéralogie, École de pharmacie.
Chimie organique, École de pharmacie.
Hydrologie et minéralogie, École de pharmacie.
Analyse chimique, École de pharmacie.
Physique générale et expérimentale, Collége de France.
Histoire naturelle des corps inorganiques, Collége de France.
Chimie minérale, Collége de France.
Chimie organique, Collége de France.
Physique végétale, Muséum.
Magnétisme et météorologie, Observatoire de Montsouris.
Minéralogie et géologie, Muséum.
Chimie appliquée aux corps organiques, Muséum.
Chimie appliquée aux corps inorganiques, Muséum.
Physique appliquée aux sciences naturelles, Muséum.
Laboratoire de recherches de minéralogie, Muséum.
Analyse chimique, Institut Pasteur.
Chimie physiologique, Institut Pasteur.
Laboratoire de chimie, École Normale.
Laboratoire de minéralogie et de géologie, École Normale.
Laboratoire de physique, École Normale.
Laboratoire de chimie physiologique, École Normale.
Laboratoire de recherches météorologiques, parc Saint-Maur.
Physique appliquée aux arts, Conservatoire des Arts et Métiers.
Chimie générale, Conservatoire des Arts et Métiers.
Chimie industrielle, Conservatoire des Arts et Métiers.
Chimie appliquée à la télégraphie, École de télégraphie.
Électricité appliquée aux chemins de fer, École de télégraphie.
Chimie appliquée aux industries de la teinture, de la céramique et de la verrerie, Conservatoire des Arts et Métiers.
Chimie agricole et analyse chimique, Conservatoire des Arts et Métiers.
Chimie analytique et chimie industrielle, École supérieure des Mines.
Minéralogie, géologie, École supérieure des Mines.
Géologie appliquée, École supérieure des Mines.
Chimie, École des Manufactures.
Électricité appliquée, École du génie maritime.
Laboratoire de géologie physique et chimique, Collége de France.
Laboratoire de géologie physique et chimique, Sorbonne.
Analyse chimique, École des Manufactures.
Chimie analytique, École Centrale.
Chimie industrielle, minérale et agricole, École Centrale.

Géologie, École Centrale.
Physique industrielle, École Centrale.
Hydrostatique et chaleur, École de physique et chimie industrielles.
Chimie générale, École de physique et chimie industrielles.
Chimie minérale, École de physique et chimie industrielles.
Électricité et magnétisme, École de physique et chimie industrielles.
Chimie analytique, École de physique et chimie industrielles.
Chimie organique, École de physique et chimie industrielles.
Chimie minérale appliquée à l'industrie, École de physique et chimie industrielles.
Chimie biologique, École de physique et chimie industrielles.
Chimie organique appliquée à l'industrie, École de physique et chimie industrielles.
Chimie industrielle, École supérieure de commerce.
Physique appliquée, École supérieure de commerce.
Physique et météorologie, Institut agronomique.
Minéralogie et géologie, Institut agronomique.
Chimie générale, Institut agronomique.
Chimie analytique, Institut agronomique.
Chimie appliquée à l'agriculture, Institut agronomique.
Physique et chimie, Institut dentaire.
Physique et chimie, Institut catholique.
Minéralogie et géologie, Institut catholique.
Physique et chimie, École d'Alfort.
Sciences physiques, École de sociologie, de pédagogie et de philosophie.

III

Sciences biologiques.

Anatomie, Faculté de médecine.
Anatomie pathologique, Faculté de médecine.
Physiologie, Faculté de médecine.
Histoire naturelle médicale, Faculté de médecine.
Histologie, Faculté de médecine.
Botanique, Faculté des sciences.
Physiologie générale, Faculté des sciences.
Zoologie, anatomie et physiologie comparée, Faculté des sciences.
Botanique, École supérieure de pharmacie.
Zoologie médicale, École supérieure de pharmacie.
Toxicologie, École supérieure de pharmacie.
Cryptogamie, École supérieure de pharmacie.
Médecine, Collége de France.
Histoire naturelle des corps organisés, Collége de France.
Embryogénie comparée, Collége de France.
Anatomie générale, Collége de France.
Laboratoire de psychologie physiologique, Collége de France.
Laboratoire de physiologie, Collége de France.
Anatomie comparée, Muséum.
Anthropologie, Muséum.
Paléontologie, Muséum.

Physiologie générale, Muséum.
Zoologie (reptiles et poissons), Muséum.
Zoologie (insectes, crustacés, arachnides), Muséum.
Zoologie (mammifères, oiseaux), Muséum.
Zologie (annélides, mollusques et zoophytes), Muséum.
Botanique, organographie et physiologie végétale, Muséum.
Botanique (classificatious et familles naturelles), Muséum.
Pathologie comparée, Muséum.
Physiologie végétale, Muséum.
Microbie générale, Institut Pasteur.
Microbie technique, Institut Pasteur.
Microbie appliquée à l'hygiène, Institut Pasteur.
Microbie morphologique, Institut Pasteur.
Microbie comparée, Institut Pasteur.
*Laboratoire de biologie végétale, Fontainebleau (1).
*Laboratoire de zoologie, Roscoff.
*Laboratoire de zoologie, Banyuls-sur-Mer.
*Laboratoire d'anatomie pathologique, Faculté de médecine.
*Laboratoire du Jardin botanique, Faculté de médecine.
*Laboratoire d'histologie zoologique, Muséum.
*Laboratoire d'histologie zoologique, Collége de France.
*Laboratoire de zoologie marine, Villefranche.
*Laboratoire de zoologie marine, Wimereux.
*Laboratoire de zoologie marine, Marseille.
*Laboratoire de zoologie marine, Cette.
Laboratoire de médecine expérimentale, Collége de France.
Laboratoire de tératologie, Faculté de médecine.
Laboratoire d'anthropologie, Faculté de médecine.
Laboratoire d'ophtalmologie, Sorbonne.
Zoologie, École Normale.
Botanique, École Normale.
Anthropogénie, École d'anthropologie.
Anthropologie générale, École d'anthropologie.
Anthropologie préhistorique, École d'anthropologie.
Anthropologie zoologique, École d'anthropologie.
Anthropologie physiologique, École d'anthropologie.
Paléontologie, École supérieure des Mines.
Botanique, zoologie (spécialement faune et flore françaises), École
Centrale.
Technologie agricole, Institut agronomique.
Zoologie, Institut agronomique.
Agriculture générale, Institut agronomique.
Botanique, Institut agronomique.
Viticulture, Institut agronomique.
Anatomie et physiologie, Institut agronomique.
Agriculture comparée, Institut agronomique.
Zootechnie, Institut agronomique.

(1) Les laboratoires munis d'un astérisque, quoique situés en province, sont
rattachés aux écoles de Paris.

Physiologie végétale, Institut agronomique.
Anatomie des animaux domestiques, École d'Alfort.
Toxicologie, École d'Alfort.
Histoire naturelle et matière médicale, École d'Alfort.
Physiologie des animaux domestiques, École d'Alfort.
Zootechnie, École d'Alfort.
Médecine générale, Policlinique.
Ontologie, Policlinique.
Histoire naturelle, Institut dentaire.
Anatomie et physiologie, Institut dentaire.
Histologie dentaire, Institut dentaire.
Embryogénie, École de sociologie, philosophie et pédagogie.
Sciences biologiques, École de sociologie, philosophie et pédagogie.
Sciences naturelles, Saint-Sulpice.
Conférences sur l'acclimatation et la médecine pratique, École Coloniale.
Laboratoire de microbie atmosphérique, Observatoire de Montsouris.
Laboratoire de bactériologie, Observatoire de Montsouris.

IV

Sciences historiques et philologiques. Philosophie.

ÉTUDES GRECQUES.

Éloquence grecque, Faculté des lettres.
Poésie grecque, Faculté des lettres.
Archéologie, Faculté des lettres.
Langue, littérature et institutions grecques, Faculté des lettres.
Épigraphie et antiquités grecques, Collége de France.
Langue et littérature grecques, Collége de France.
Philosophie grecque, Collége de France.
Philologie et antiquités grecques, École des Hautes Études.
Histoire littéraire grecque et métrique, École des Hautes Études.
Critique des textes, École des Hautes Études.
Grammaire et paléographie grecque, École des Hautes Études.
Antiquités grecques, École des Hautes Études.
Langue et littérature grecques, École Normale.
Grec moderne, École des langues orientales vivantes.
Antiquités grecques, Institut catholique.
Philologie sacrée (Nouveau Testament), Faculté de théologie protestante.
Pères de l'Église grecque, Faculté de théologie protestante.
Langue néo-grecque, École des Hautes Études.
Archéologie grecque (les formes de la vie antique d'après les monuments), École des Beaux-Arts.

ÉTUDES LATINES ET ROMAINES.

Éloquence latine, Faculté des lettres.
Poésie latine, Faculté des lettres.
Langue et littérature latines, Faculté des lettres.

Paléographie latine classique, Faculté des lettres.
Langue et littérature latines, Faculté des lettres.
Épigraphie et antiquités romaines, Collége de France.
Philologie latine, Collége de France.
Histoire de la littérature latine, Collége de France.
Philosophie latine, Collége de France.
Philologie latine, École des Hautes Études.
Épigraphie et antiquités latines, École des Hautes Études.
Langue et littérature latines, École Normale.
Antiquités romaines, Institut catholique.
Pères de l'Église latine, Faculté de théologie protestante.
Histoire de la philologie classique, École des Hautes Études.
Droit romain, Faculté de droit.
Histoire du droit romain, Faculté de droit.
Pandectes, Faculté de droit.
Droit romain, Institut catholique.
Pandectes, Institut catholique.
Archéologie romaine, École nationale des Beaux-Arts.

LANGUES ET LITTÉRATURES EUROPÉENNES.

Éloquence française, Faculté des lettres.
Poésie française, Faculté des lettres.
Littérature française du moyen âge et histoire de la langue française, Faculté des lettres.
Littérature française, Faculté des lettres.
Langue et littérature françaises, Faculté des lettres.
Langue et littérature françaises du moyen âge, Collége de France.
Langue et littérature françaises modernes, Collége de France.
Littérature étrangère, Faculté des lettres.
Langue et littérature anglaises, Faculté des lettres.
Littératures de l'Europe méridionale, Faculté des lettres.
Langues et littératures de l'Europe méridionale, Collége de France.
Langues romanes, École des Hautes Études.
Langue romane, École des Chartes.
Langues et littératures celtiques, Collége de France.
Langues et littératures celtiques, École des Hautes Études.
Langues et littératures d'origine germanique, Collége de France.
Langue et littérature allemandes, Institut catholique.
Langue et littérature théologiques allemandes, Faculté de théologie protestante.
Gothique et vieux haut allemand, École des hautes études.
Langues et littératures d'origine slave, Collége de France.
Langue russe, École des langues orientales vivantes.
Langue roumaine, École des langues orientales vivantes.

GRAMMAIRE COMPARÉE.

Grammaire comparée, Collége de France.
Grammaire comparée, École des Hautes Études.
Grammaire comparée, Faculté des lettres.

PHILOLOGIE, ÉPIGRAPHIE ORIENTALES.

Sanscrit et grammaire comparée des langues indo-européennes, Faculté des lettres.

Langue et littérature sanscrites, Collége de France.

Langue et littérature sanscrites, École des Hautes Études.

Langue démotique, École du Louvre.

Archéologie orientale et céramique antique, École du Louvre.

Langue copte, École du Louvre.

Archéologie égyptienne, École du Louvre.

Épigraphie assyrienne, phénicienne et araméenne, École du Louvre.

Langues éthiopienne et hymyarite, École des Hautes Études.

Archéologie orientale, École des Hautes Études.

Langue et antiquités assyriennes, École des Hautes Études.

Philologie et archéologie assyriennes, Collége de France.

Philologie et antiquités égyptiennes, École des Hautes Études.

Philologie et archéologie égyptiennes, Collége de France.

Droit égyptien, École du Louvre.

Langues sémitiques, École des Hautes Études.

Langue hébraïque, Faculté de théologie protestante.

Hébreu rabinique, École des Hautes Études.

Hébreu et syriaque, École des Hautes Études.

Arabe, École des Hautes Études.

Langues hébraïque, syriaque et cours d'assyriologie, Institut catholique.

Langues et littératures hébraïques, chaldaïques et syriaques, Collége de France.

Langue et littérature arabes, Collége de France.

Arabe littéral, École des langues orientales vivantes.

Arabe vulgaire, École des langues orientales vivantes.

Langue et littérature de la Perse, Collége de France.

Persan, École des langues orientales vivantes.

Langues et littératures turques, Collége de France.

Turc, École des langues orientales vivantes.

Langues et littératures chinoises et tartares mandchoues, Collége de France.

Chinois, École des langues orientales vivantes.

Cours de caractères chinois, École Coloniale.

Langue zende, École des Hautes Études.

Droit annamite, École libre des Sciences politiques.

Malais et Javanais, École des langues orientales vivantes.

Arménien, École des langues orientales vivantes.

Japonais, École des langues orientales vivantes.

Hindoustani et Tamoul, École des langues orientales vivantes.

Annamite, École des langues orientales vivantes.

Langue annamite et cambodgienne, École Coloniale.

Géographie, histoire et législation des États de l'extrême Orient, École des langues orientales vivantes.

Géographie, histoire et législation des États musulmans, École des langues orientales vivantes.

Droit égyptien, École du Louvre.

Exégèse sacrée, Faculté de théologie protestante.
Archéologie égyptienne et orientale, École nationale des Beaux-Arts.

HISTOIRE.

Histoire ecclésiastique, Faculté de théologie protestante.
Histoire de la philosophie, Faculté de théologie protestante.
Histoire ecclésiastique, Institut catholique.
Histoire, École des Hautes Études.
Histoire moderne, École des Hautes Études.
Histoire des doctrines psychologiques, École des Hautes Études.
Histoire ancienne, Faculté des lettres.
Histoire moderne, Faculté des lettres.
Histoire du moyen âge, Faculté des lettres.
Histoire de la langue française, Faculté des lettres.
Histoire contemporaine, Faculté des lettres.
Sciences auxiliaires de l'histoire, Faculté des lettres.
Histoire ancienne des peuples orientaux, Faculté des lettres.
Histoire de la Révolution française, Faculté des lettres.
Histoire économique et coloniale, Faculté des lettres.
Histoire du droit romain et du droit français, Faculté de droit.
Histoire générale du droit français public et privé, Faculté de droit.
Histoire des législations comparées, Collége de France.
Histoire et morale, Collége de France.
Histoire, géographie et statistique économique, Collége de France.
Histoire de l'art et esthétique, Collége de France.
Archéologie nationale, École du Louvre.
Histoire ancienne, École Normale.
Histoire du moyen âge et moderne, École Normale.
Diplomatique, École des Chartes.
Institutions politiques, administratives et judiciaires de la France,
École des Chartes.
Droit civil et droit canonique au moyen âge, École des Chartes.
Sources de l'histoire de France, École des Chartes.
Archéologie du moyen âge, École des Chartes.
Étude critique des sources de l'histoire de France, École des Chartes.
Histoire de la peinture, École du Louvre.
Histoire de la sculpture, du moyen âge et de la Renaissance, École du
Louvre.
Histoire des arts appliqués à l'industrie en France, École du Louvre.
Ethnologie et linguistique, École d'anthropologie.
Histoire de la médecine et de la chirurgie, Faculté de médecine.
Histoire de la philologie classique, École des Hautes Études.
Histoire parlementaire et législative de la France de 1789-1875, École
libre des Sciences politiques.
Histoire diplomatique de l'Europe depuis 1648 à 1789, École libre des
Sciences politiques.
Histoire des civilisations, École d'anthropologie.
Histoire du droit, Institut catholique.
Histoire du droit canonique, Institut catholique.

Histoire de la langue française, Institut catholique.
Histoire de l'architecture, École des Beaux-Arts.
Histoire et archéologie, École des Beaux-Arts.
Histoire de l'art et esthétique, École des Beaux-Arts.
Histoire militaire et stratégie, École de guerre.
Histoire ecclésiastique, Saint-Sulpice.
Histoire, mœurs et religions de l'Indo-Chine, École Coloniale.
Histoire du commerce, École des hautes études commerciales.
Histoire du commerce, École supérieure du commerce.

GÉOGRAPHIE ET ETHNOGRAPHIE.

Géographie historique de la France, École des Hautes Études.
Géographie, Faculté des lettres.
Géographie, Collége de France.
Géographie, École Normale.
Géographie des États de l'extrême Orient, École des langues orientales vivantes.
Géographie des États musulmans, École des langues orientales vivantes.
Géographie et ethnographie, École libre des Sciences politiques.
Géographie coloniale, École libre des Sciences politiques.
Géographie stratégique, École libre des Sciences politiques.
Géographie médicale, École d'anthropologie.
Géographie commerciale, École des hautes études commerciales.
Géographie commerciale, École supérieure du commerce.
Géographie physique, Faculté des Sciences.

PHILOSOPHIE, MORALE, SCIENCES RELIGIEUSES.

Dogme luthérien, Faculté de théologie protestante.
Histoire ecclésiastique, Faculté de théologie protestante.
Morale évangélique, Faculté de théologie protestante.
Histoire de la philosophie, Faculté de théologie protestante.
Dogme réformé, Faculté de théologie protestante.
Philosophie, Faculté des lettres.
Sciences de l'éducation, Faculté des lettres.
Histoire de la philosophie ancienne, Faculté des lettres.
Histoire de la philosophie moderne, Faculté des lettres.
Histoire et morale, Collége de France.
Histoire de la philosophie, Faculté de théologie protestante.
Psychologie expérimentale et comparée, Collége de France.
Histoire des religions, Collége de France.
Philosophies grecque et latine, Collége de France.
Philosophie moderne, Collége de France.
Philosophie scolastique, Institut catholique.
Histoire ecclésiastique, Institut catholique.
Théologie dogmatique, Institut catholique.
Apologétique chrétienne, Institut catholique.
Religions de l'extrême Orient, École des Hautes Études.
Religions de l'Inde, École des Hautes Études.
Religions de l'Égypte, École des Hautes Études.

Religions des peuples sémitiques (Hébreux et Arabes), École des Hautes Études.

Religions de la Grèce et de Rome, École des Hautes Études.

Histoire des origines du christianisme, École des Hautes Études.

Littérature chrétienne, École des Hautes Études.

Histoire des dogmes, École des Hautes Études.

Histoire de l'Église chrétienne, École des Hautes Études.

Histoire du droit canonique, École des Hautes Études.

Histoire des rapports de la philosophie et de la théologie, École des Hautes Études.

Histoire des doctrines psychologiques, École des Hautes Études.

Philosophie, École Normale.

Religions de l'Indo-Chine, École Coloniale.

V

Sciences juridiques et sociales.

Code civil, Faculté de droit.

Législation criminelle et procédure criminelle, Faculté de droit.

Procédure civile, Faculté de droit.

Droit criminel et législation pénale comparée, Faculté de droit.

Droit commercial, Faculté de droit.

Droit administratif, Faculté de droit.

Droit des gens, Faculté de droit.

Histoire du droit romain et du droit français, Faculté de droit.

Droit coutumier, Faculté de droit.

Pandectes, Faculté de droit.

Droit constitutionnel, Faculté de droit.

Histoire générale du droit français public et privé, Faculté de droit.

Droit international privé, Faculté de droit.

Histoire des législations comparées, Collège de France.

Droit des gens, École libre des Sciences politiques.

Droit international, École libre des Sciences politiques.

Législation commerciale et maritime comparées, École libre des Sciences politiques.

Législation coloniale, École libre des Sciences politiques.

Droit civil, Institut catholique.

Droit public ecclésiastique, Institut catholique.

Code civil, Institut catholique.

Histoire du droit, Institut catholique.

Droit international public, Institut catholique.

Droit administratif, Institut catholique.

Droit criminel, Institut catholique.

Droit commercial, Institut catholique.

Droit international privé, Institut catholique.

Droit coutumier, Institut catholique.

Droit constitutionnel, Institut catholique.

Droit des gens, Institut catholique.

Législation industrielle, École Centrale.

Code civil, organisation judiciaire et éléments de procédure civile, École des hautes études commerciales.

Droit commercial, maritime et industriel, École des hautes études commerciales.

Législation budgétaire et douanière, École des hautes études commerciales.

Législation commerciale étrangère, École des hautes études commerciales.

Droit commercial, École supérieure du commerce.

Législation rurale et droit administratif, Institut agronomique.

Législation de l'Indo-Chine, École Coloniale.

Droit international, École supérieure de guerre.

Législation industrielle, Conservatoire national des Arts et Métiers.

Droit commercial, Conservatoire national des Arts et Métiers.

Législation, économie industrielle, École des Mines.

Économie politique, Faculté de droit.

Science financière, Faculté de droit.

Enregistrement dans ses rapports avec le droit civil, Faculté de droit.

Histoire économique et coloniale, Faculté des lettres.

Économie politique, Collége de France.

Géographie, histoire et statistique économiques, Collége de France.

Finances françaises et étrangères, École libre des sciences politiques.

Économie politique, École libre des sciences politiques.

La monnaie, le crédit, le change, École libre des sciences politiques.

Économie politique, Institut catholique.

Économie politique et législation industrielle, Conservatoire des Arts et Métiers.

Économie industrielle et statistique, Conservatoire des Arts et Métiers.

Économie politique, École des hautes études commerciales.

Outillage commercial, École des hautes études commerciales.

Économie politique, École supérieure du commerce.

Philosophie des sciences sociales, École de sociologie, philosophie et pédagogie (1).

Cours de science sociale (exposition et méthode) suivant la méthode d'observation inaugurée par Le Play, hôtel de la Société de géographie.

(1) L'École de sociologie, philosophie et pédagogie, rue Saint-Jacques, donne un cours d'enseignement supérieur synthétique des sciences et de leurs applications à l'évolution sociale.

SECTION PHILOSOPHIQUE.

Sciences mathématiques appliquées à la sociologie.
Sciences physiques.

Sciences biologiques.
Philosophie des sciences sociales.

SECTION DE PÉDAGOGIE.

Hygiène et maladies des enfants et des mères.
Embryogénie, Névrologie, Éduca-

tion, Méthodologie, Linguistique.
Observatorium infantile.

SECTION DE SOCIOLOGIE.

Sociologie.
Statistique.
Morale expérimentale.

Politique expérimentale.
Histoire de la civilisation.

CHAPITRE III

BORDEAUX

FACULTÉ DE DROIT.

CHAIRES.

Droit romain (2 chaires).
Code civil (3 chaires).
Droit commercial.
Droit administratif.
Droit criminel.

Procédure civile.
Économie politique.
Histoire du droit.
Droit maritime.

COURS COMPLÉMENTAIRES

Droit international privé.
Pandectes.

Histoire du droit.
Droit constitutionnel.

FACULTÉ MIXTE DE MÉDECINE ET DE PHARMACIE.

CHAIRES.

Physiologie.
Anatomie.
Anatomie pathologique.
Anatomie générale et histologie.
Pathologie et thérapeutique générale.
Pathologie interne.
Pathologie externe.
Matière médicale.
Thérapeutique.
Histoire naturelle.

Chimie.
Physique.
Hygiène.
Médecine légale.
Médecine expérimentale.
Médecine opératoire.
Pharmacie.
Clinique interne (2 chaires).
Clinique externe (2 chaires).
Clinique d'accouchements.
Clinique ophtalmologique.

COURS COMPLÉMENTAIRES.

Chimie.
Maladies des enfants, clinique médicale.
Maladies des enfants, clinique chirurgicale.

Maladies syphilitiques et vénériennes.
Maladies mentales.
Accouchements.

Cours et travaux pratiques.

Cliniques.

Laboratoires.

Laboratoires de physiologie (aquariums et glacières), d'anatomie, d'anatomie pathologique, d'anatomie générale et d'histologie, d'histoire naturelle, de médecine expérimentale (bactériologie).

Laboratoires de physique, de chimie, d'histoire naturelle, jardin botanique.

Musées d'anatomie, de médecine légale, d'hygiène.
Institut anatomique.
3 hôpitaux, 516 lits.

FACULTE DES SCIENCES.

CHAIRES.

Calcul infinitésimal.	Chimie.
Mécanique rationnelle.	Zoologie et physiologie animale.
Astronomie physique.	Botanique.
Physique.	Géologie et minéralogie.

COURS COMPLÉMENTAIRES.

Chimie industrielle.

CONFÉRENCES.

Mathématiques (2 conférences).	Zoologie.
Physique.	Botanique.

Laboratoires et travaux pratiques.

Laboratoires de physique, de chimie générale, de chimie industrielle, de botanique, de zoologie et de physiologie animale, de géologie et de minéralogie.

Collections d'anatomie physique.

FACULTÉ DES LETTRES.

CHAIRES.

Littérature française.	Langue et littérature latines.
Histoire.	Langue et littérature grecques.
Philosophie.	Antiquités grecques et latines.
Littérature étrangère.	Géographie.

COURS COMPLÉMENTAIRES.

Science sociale et pédagogie.	Histoire de Bordeaux et de la ré-
Histoire ancienne.	gion du Sud-Ouest.

CONFÉRENCES.

Philosophie.	Archéologie et institutions grec
Histoire.	ques.

Langue grecque.	Langue et littérature françaises.
Littérature latine.	Allemand.
Grammaire.	

BIBLIOTHÈQUE UNIVERSITAIRE.

Section des sciences, des lettres et du droit, 64,700 volumes.

OBSERVATOIRE ASTRONOMIQUE ET MÉTÉOROLOGIQUE.

L'Observatoire reçoit une subvention de 10,000 francs de la municipalité.

Il possède :

Un grand équatorial de 14 pouces,

Un petit équatorial de 8 pouces,

Un équatorial photographique,

et des pavillons de déclinaison magnétique et d'intensité magnétique.

ÉCOLE SUPÉRIEURE DE COMMERCE ET D'INDUSTRIE.

Siège de l'École : 66, rue Saint-Sernin.

L'École supérieure de Commerce et d'Industrie de Bordeaux comprend deux enseignements distincts :

1º Enseignement commercial ;

2º Enseignement industriel.

L'enseignement commercial a pour but de former des jeunes gens qui, dès leur sortie de l'École, seront de bons commis et posséderont une instruction spéciale pour être capables de diriger plus tard les plus importantes maisons.

L'enseignement industriel a pour but de former des élèves qui posséderont une instruction technique suffisante pour faire de bons contre maîtres et devenir plus tard des chefs d'industrie.

L'École ne reçoit que des élèves externes.

Les étrangers peuvent y être admis comme les nationaux et aux mêmes conditions.

La durée des études est de deux années.

L'enseignement de l'École est à la fois théorique et pratique.

Le prix de l'enseignement est de 200 francs par an.

PROGRAMME DES COURS.

Français.	Économie politique.
Anglais.	Histoire du commerce.
Allemand.	Arithmétique.
Bureau commercial.	Géométrie.
Espagnol.	Algèbre et trigonométrie.
Calligraphie.	Géométrie descriptive, coupe de
Géographie commerciale.	pierres, bois et fer.
Droit commercial et maritime.	Dessin.
Armements.	Physique.

Mécanique.
Chimie générale.
Marchandises.
Physique et chimie industrielle.
Architecture et travaux publics.
Mines et chemin de fer.

Construction de machines.
Manipulations de physique et de chimie.
Travail du bois.
Travail du fer et des métaux.

ÉCOLES DIVERSES.

École d'Hydrographie.
École municipale des beaux-arts et des arts décoratifs.
Conservatoire de musique.
Cours de notariat.
École de médecine et de pharmacie navales.

Il existe à Arcachon un laboratoire de zoologie qui est rattaché à la Société scientifique.

INSTRUMENTS DE TRAVAIL.

En plus de la Bibliothèque universitaire, la ville possède une bibliothèque municipale de 150,000 volumes, où sont largement représentées la science, la littérature et l'histoire locales; catalogue des manuscrits par Delpit.

La bibliothèque de la Chambre de commerce, 25,000 volumes.

La bibliothèque Lespinasse (botanique), 8,000 volumes.

Les archives départementales et communales.

Les bibliothèques de la Société des sciences physiques et naturelles, de la Société de géographie commerciale, de la Société Linnéenne.

La bibliothèque du grand séminaire, fonds ancien très précieux d'histoire et de théologie.

Des collections scientifiques.

Un musée d'histoire naturelle.

Un musée préhistorique.

Un musée artistique, un musée archéologique, un musée d'armes et d'antiques, un musée lapidaire.

Une station agronomique (viticulture).

Un jardin botanique à Talence.

SOCIÉTÉS SAVANTES.

Société de géographie commerciale.
Société d'archives historiques.
Société d'archéologie.
Société des sciences physiques et naturelles.
Société de médecine et de chirurgie.

Société philomatique.
Société d'entomologie.
Société Linnéenne.
Société d'anthropologie.
Société d'économie politique.
Académies des sciences, arts et belles-lettres.

LILLE

FACULTÉ DE DROIT.

CHAIRES.

Code civil (3 chaires).
Droit romain (2 chaires).
Procédure civile.

Droit criminel.
Droit administratif.
Droit commercial.

COURS COMPLÉMENTAIRES.

Économie politique.
Histoire générale du droit français public et privé.
Droit international privé.
Pandectes.
Histoire du droit.
Droit constitutionnel.

Science financière.
Droit maritime.
Droit français approfondi.
Enregistrement.
Législation industrielle.
Procédure civile des saisies.
Droit des gens.

FACULTÉ MIXTE DE MÉDECINE ET DE PHARMACIE.

CHAIRES.

Anatomie.
Physiologie.
Anatomie pathologique et pathologie générale.
Histologie.
Pathologie interne et expérimentale.
Pathologie externe.
Médecine opératoire.
Matière médicale et thérapeutique.
Histoire naturelle.

Chimie organique.
Chimie minérale et toxicologie.
Physique.
Hygiène.
Médecine légale.
Pharmacie.
Clinique interne (2 chaires).
Clinique externe (2 chaires).
Clinique obstétricale et accouchements.
Clinique des maladies cutanées et syphilitiques.

COURS COMPLÉMENTAIRES.

Clinique des maladies mentales.
Clinique ophtalmologique.
Clinique des maladies des en-

fants et syphilis infantiles.
Accouchements.

Laboratoires.

Laboratoires et travaux pratiques d'anatomie, de physiologie, d'histologie, d'anatomie pathologique, de médecine légale, de médecine opératoire, de chimie, de chimie minérale, de chimie organique.

Laboratoires de chimie, de chimie minérale, de chimie organique, laboratoire de pharmacie, laboratoire des synthèses.

Laboratoire de physique et d'histoire naturelle, laboratoire de thérapeutique et d'hygiène.

Cliniques.

Cliniques médicale, chirurgicale, des maladies cutanées et syphilitiques, des maladies des enfants, clinique ophtalmologique, clinique des maladies mentales.

2 hôpitaux, 388 lits. Asile d'Armentières.

Musées et collections.

FACULTÉ DES SCIENCES.
CHAIRES.

Mécanique rationnelle et appliquée.
Calcul différentiel et intégral.
Physique.
Chimie générale et appliquée.

Chimie appliquée à l'industrie et à l'agriculture.
Zoologie.
Botanique.
Géologie et minéralogie.
Astronomie.

CONFÉRENCES.

Géologie.
Mathématiques.

Physique.
Zoologie.

Laboratoires.

Laboratoires de chimie appliquée à l'industrie, d'études sur les ferments, de physique, de chimie générale, de géologie et de minéralogie. Laboratoire de physiologie, de zoologie.

Jardin botanique.
Collections de botanique.
Musées de minéralogie, de zoologie.

FACULTÉ DES LETTRES.
CHAIRES.

Philosophie.
Histoire et géographie de l'antiquité et du moyen âge.
Histoire et géographie des temps modernes.

Langue et littérature grecques.
Langue et littérature latines.
Littérature française.
Littérature étrangère.

COURS COMPLÉMENTAIRES.

Grec.
Philologie classique.
Langues et littératures vallonne et picarde.

Pédagogie.
Littérature grecque.
Littérature latine.
Littérature française.

Littérature étrangère.   Géographie industrielle et commerciale.
Histoire locale.

CONFÉRENCES.

Histoire.   Littérature française.
Langues et littératures anciennes.   Langue anglaise.
     Langue allemande.

FACULTÉS LIBRES DE LILLE.

ENSEIGNEMENT SUPÉRIEUR CATHOLIQUE.

COLLÈGE THÉOLOGIQUE.

COURS.

Théologie dogmatique spéciale.   Introduction philosophique à la théologie.
Théologie dogmatique générale.
Théologie morale.   Conférences sur l'introduction à l'Écriture sainte.
Écriture sainte et exégèse biblique.
     Conférences d'hébreu et d'archéologie orientale.
Institutions de droit canonique.
Histoire ecclésiastique.   Conférences de philosophie scolastique.
Apologétique religieuse.

FACULTÉ LIBRE DE DROIT.

LICENCE.

Première année.

Droit naturel.
Droit romain.
Droit civil.
Économie politique.
Droit constitutionnel.
Histoire du droit.
Apologétique.
Exercices pratiques.

Deuxième année.

Droit naturel.
Droit romain.

Droit civil.
Procédure civile.
Économie politique.
Droit criminel.
Exercices pratiques.

Troisième année.

Droit canon.
Droit civil.
Droit commercial.
Droit administratif.
Droit international privé.
Droit maritime.
Exercices pratiques.

DOCTORAT.

Pandectes.
Histoires du droit et droit coutumier.

Droit civil approfondi.
Droit constitutionnel.
Droit des gens.

Conférences spéciales de droit romain. | Conférences spéciales de droit civil.

Enregistrement et notariat (cours facultatif).

FACULTÉ LIBRE DE MÉDECINE ET DE PHARMACIE.

COURS.

Chimie minérale.
Chimie médicale.
Physique médicale.
Botanique générale.
Histoire naturelle médicale.
Minéralogie.
Pharmacie.
Anatomie pathologique et histologie.

Anatomie descriptive.
Physiologie.
Pathologie externe.
Pathologie interne.
Médecine opératoire.
Thérapeutique légale et matière médicale.
Hygiène.
Apologétique.

TRAVAUX PRATIQUES.

Anatomie élémentaire.
Zoologie.

Chimie.
Pharmacie.

CLINIQUES.

Clinique médicale.
Clinique chirurgicale.
Clinique obstétricale.
Cours des sages-femmes.
Maladies des femmes.
Maladies internes.
Maladies externes.

Maladies nerveuses.
Maladies des enfants.
Maladies cutanées et syphilitiques.
Maladies des yeux.
Maladies des dents.

FACULTÉ LIBRE DES SCIENCES.

COURS.

Algèbre et géométrie.
Calcul différentiel et intégral.
Mécanique rationnelle.
Physique.
Physique expérimentale.

Chimie.
Zoologie.
Botanique.
Géologie et minéralogie.
Anatomie comparée.

COURS COMPLÉMENTAIRES.

Astronomie.

Géométrie descriptive.

FACULTÉ LIBRE DES LETTRES.

COURS.

Philosophie.
Éloquence sacrée

Langue et littérature grecques.
Langue et littérature latines.

Langue et littérature françaises.

Philologie et grammaire comparée.

Histoire et géographie.

Littératures étrangères.

ÉCOLE INDUSTRIELLE DE SAINT-MICHEL.

Annexée aux facultés catholiques.

Matières de l'enseignement :

Technologie.

Économie sociale.

Histoire.

Droit administratif.

Chimie industrielle.

Histoire naturelle.

Géographie commerciale.

Mathématiques.

Droit commercial.

Littérature.

Dessin.

Mécanique.

Physique.

Langues étrangères.

Comptabilité.

Travaux pratiques de physique et de chimie.

ÉCOLE DES HAUTES ÉTUDES AGRICOLES.

Annexée aux facultés catholiques.

L'enseignement porte sur les matières suivantes :

Religion et morale.

Histoire et géographie.

Littérature.

Langues vivantes.

Mathématiques.

Géologie.

Minéralogie.

Physique.

Chimie.

Météorologie.

Botanique.

Zoologie.

Mécanique.

Droit (notions sommaires).

Économie politique.

Agriculture générale.

Sylviculture.

Horticulture.

Arboriculture.

Industrie agricole.

Manipulations et exercices de laboratoire. Champ d'expériences.

La durée des études est de 2 ans; la rétribution annuelle est de 800 francs.

CONSERVATOIRE NATIONAL DE MUSIQUE ET DE DÉCLAMATION.

INSTITUT INDUSTRIEL DU NORD DE LA FRANCE.

Cet établissement est destiné à former des ingénieurs civils. Il forme comme une espèce de faculté de sciences appliquées. Il est entretenu aux frais du conseil général du Nord et est dirigé par des ingénieurs des ponts et chaussées ou des mines. Il comprend des cours élémentaires de mathématiques, et des cours spéciaux de mécanique appliquée, de machines à vapeur, de construction de machines, de filature, tissage, métallurgie, sucrerie, distillerie, industrie chimique et teinture. Ces enseignements sont de 2 degrés, l'un dit de technologie, l'autre de génie civil.

INSTRUMENTS DE TRAVAIL.

Bibliothèque universitaire, 47,670 volumes.

Bibliothèque municipale (sciences et arts, belles-lettres, histoire, théologie, jurisprudence, catalogue descriptif des manuscrits par Le Glay), 75,000 volumes.

Archives intéressantes pour l'histoire de la région.

Beau musée de zoologie.

Collection importante de fossiles.

Musée des Beaux-Arts.

Jardin botanique.

Laboratoire de zoologie marine de Wimereux rattaché à la Faculté des sciences.

LYON

FACULTÉ DE DROIT.

CHAIRES.

Code civil (3 chaires).
Droit romain (2 chaires).
Procédure civile.
Droit criminei.

Droit commercial.
Droit administratif.
Économie politique.

COURS COMPLÉMENTAIRES.

Histoire générale du droit français public et privé.
Droit international privé.
Pandectes.
Histoire du droit.
Droit constitutionnel.
Histoire du droit public.
Code civil approfondi.

Notariat, enregistrement.
Droit international public.
Législation commerciale comparée.
Législation financière.
Ordres, saisies, contributions.
Législation industrielle.

FACULTÉ MIXTE DE MÉDECINE ET DE PHARMACIE.

CHAIRES.

Hygiène.
Anatomie.
Physiologie.
Anatomie générale et histologie.
Anatomie pathologique.
Médecine expérimentale et comparée.
Chimie médicale et pharmaceutique.
Physique médicale.
Histoire naturelle.
Pharmacie.
Pathologie interne.
Pathologie externe.

Pathologie et thérapeutique générales.
Thérapeutique.
Matière médicale et botanique.
Médecine légale.
Médecine opératoire.
Clinique médicale (2 chaires).
Clinique chirurgicale (2 chaires).
Clinique obstétricale.
Clinique ophtalmologique.
Clinique des maladies cutanées et syphilitiques.
Clinique des maladies mentales.
Chimie organique et toxicologie.

COURS COMPLÉMENTAIRES.

Clinique des maladies des femmes.
Clinique des maladies des enfants.

Accouchements.
Botanique.

CONFÉRENCES.

Chimie organique.

Chimie toxicologique.

Laboratoires.

Laboratoires d'anatomie, de physiologie, d'anatomie générale et d'histologie, d'anatomie pathologique, d'histoire naturelle, de matière médicale et botanique, de chimie médicale et pharmaceutique, de physique, de pharmacie, de chimie organique et toxicologie, de médecine expérimentale et comparée, de bactériologie, d'hygiène, de médecine légale, de clinique médicale, de médecine opératoire, de clinique chirurgicale.

Cliniques.

Cliniques médicale, de maladies cutanées et syphilitiques, de maladies mentales, de maladies des enfants; cliniques chirurgicale, obstétricale, ophtalmologique, clinique de maladies des femmes.

4 hôpitaux et asiles : 607 lits.

Jardin botanique.

FACULTÉ DES SCIENCES.

CHAIRES.

Mathématiques pures.
Mathématiques appliquées.
Astronomie physique.
Physique.
Chimie.
Chimie appliquée à l'industrie et à l'agriculture.
Zoologie.
Minéralogie et géologie.
Botanique.
Physiologie générale et comparée.

COURS COMPLÉMENTAIRES.

Astronomie.
Chimie.
Botanique.

CONFÉRENCES.

Chimie industrielle.
Zoologie.
Mathématiques.
Physique.
Minéralogie.

Laboratoires.

Laboratoires de chimie industrielle, de chimie appliquée, de chimie générale, de physique, de physiologie, de géologie, de chimie, de minéralogie, de zoologie, de botanique.

FACULTÉ DES LETTRES.

CHAIRES.

Philosophie.
Histoire.
Antiquités grecques et latines.
Géographie.
Langue et littérature grecques.
Langue et littérature latines.

Langue et littérature françaises.
Langues et littératures étrangè-
res.
Sanscrit et grammaire comparée.

Histoire et antiquités du moyen
âge.
Langue et littérature du moyen
âge.

COURS COMPLÉMENTAIRES.

Philosophie.
Langue et littérature latines.
Langue et littérature françaises.

Allemand.
Langues et littératures sémitiques.

CONFÉRENCES.

Philosophie.
Science de l'éducation.
Histoire moderne.
Langue et littérature grecques.

Grammaire.
Langue et littérature anglaises.
Égyptologie.

BIBLIOTHÈQUE UNIVERSITAIRE.

Nombre de volumes au 1er janvier 1888..... 76,267

FACULTÉS LIBRES DE LYON.

ENSEIGNEMENT SUPÉRIEUR CATHOLIQUE.

FACULTÉ LIBRE DE THÉOLOGIE.

CHAIRES.

Dogme.
Morale.
Droit canonique.

Écriture sainte.
Histoire ecclésiastique.
Philosophie scolastique.

FACULTÉ LIBRE DE DROIT.

LICENCE.

Première année.

Droit romain.
Droit civil.
Droit criminel.
Histoire générale du droit fran-
çais.
Enseignement complémentaire
de droit romain.
Enseignement complémentaire
de droit civil.

Enseignement complémentaire
de droit criminel.

Deuxième année.

Droit romain.
Droit civil.
Procédure civile.
Économie politique.
Conférences de droit romain.
Conférences de droit civil.

Troisième année.

Droit civil.
Droit commercial.

Droit administratif.
Droit international.
Conférences de droit civil.

DOCTORAT.

Pandectes.
Histoire du droit romain.
Droit civil approfondi.

Histoire du droit français.
Droit constitutionnel.

COURS COMPLÉMENTAIRES ET CONFÉRENCES.

Introduction à l'étude du droit.
Droit fiscal (enregistrement).

Conférences de discussion et argumentations.

FACULTÉ LIBRE DES SCIENCES.

CHAIRES.

Mathématiques spéciales.
Mathématiques pures.
Mathématiques appliquées.
Astronomie théorique et pratique.

Physique.
Chimie.
Zoologie.
Botanique.
Géologie et minéralogie.

Conférences, manipulations, exercices pratiques.

FACULTÉ LIBRE DES LETTRES.

CHAIRES.

Philosophie.
Histoire.
Institutions grecques et romaines.
Littérature française.

Littérature latine.
Littérature grecque.
Littérature étrangère.
Grammaire comparée.

CONFÉRENCES.

Littérature latine.
Poésie latine.
Grammaire comparée.

Littérature grecque.
Littérature française

OBSERVATOIRE.

L'Observatoire de Lyon occupe, au sommet du coteau de Beauregard (commune de Saint-Genis-Laval), à une altitude de 299 mètres et à 9 kilomètres de Lyon, un emplacement de 5 hectares. Pour l'étude des lois de transmission des différents phénomènes météorologiques, deux stations auxiliaires ont été établies, une à Lyon dans le parc de la Tête d'Or, à 174 mètres d'altitude, et l'autre au sommet du mont Verdun, à 625 mètres d'altitude. L'Observatoire comprend plusieurs pavillons, celui de l'équatorial, de l'équatorial coudé, le pavillon magnétique, le pavillon météorologique, la grande et la petite salle méridienne et des bâtiments spéciaux pour la bibliothèque et les divers services.

STATION BIOLOGIQUE DE TAMARIS PRÈS TOULON.

Rattaché à la Faculté des sciences de Lyon, ce laboratoire est d'une installation tout à fait supérieure.

ÉCOLE NATIONALE VÉTÉRINAIRE.

Voir pour les renseignements, page 38, École nationale vétérinaire de Maisons-Alfort.

ÉCOLE NATIONALE DES BEAUX-ARTS.

Nul ne peut être admis à l'École des beaux-arts de Lyon s'il n'a au moins quinze ans révolus.

Les étrangers doivent justifier de l'autorisation du maire de Lyon.

Les élèves de l'École se divisent en deux catégories : les aspirants et les titulaires.

A leur entrée à l'École, les élèves sont examinés sur les notions d'histoire générale, les mathématiques élémentaires, le dessin géométral et le dessin perspectif, et selon leur degré d'instruction, ils sont classés dans la division préparatoire ou de principes (enseignement du 1er degré), ou dans la division de bosse (enseignement du 2e degré).

L'enseignement du premier degré, division préparatoire ou de principes, comprend :

L'arithmétique et la géométrie.

Le dessin perspectif et géométral à main levée d'après des modèles en relief (simples) ; l'étude élémentaire de la figure humaine, des animaux et de l'ornement d'après des modèles graphiques ; la pratique du dessin géométrique, avec l'emploi des instruments de mathématiques, et le lavis.

Pour être admis dans la division de bosse, les élèves doivent subir un examen.

L'enseignement du deuxième degré, division de bosse, comprend : la géométrie, les éléments de perspective et de géométrie descriptive, l'étude de la figure humaine, des animaux et de l'ornement d'après la bosse.

Après examen, les élèves aspirants deviennent titulaires dans une classe d'application.

Six bourses sont accordées chaque année ; elles sont de 200 francs.

Outre les grands concours dans toutes les sections, pour lesquels il est alloué 100 francs aux premiers et 50 francs aux seconds, il existe un prix d'honneur consistant en livres d'art, et un grand prix de 1,800 fr. pendant trois ans ; ce prix est décerné à un élève peintre, sculpteur, architecte ou graveur, à la suite d'un concours (en loge) à deux degrés.

Les étrangers autorisés prennent part à tous les concours et peuvent prétendre à toutes les récompenses excepté aux bourses et au prix de Paris.

CONSERVATOIRE NATIONAL DE MUSIQUE ET DE DÉCLAMATION.

ÉCOLE SUPÉRIEURE DE COMMERCE ET DE TISSAGE.

34, rue de la Charité.

L'École prépare, par un enseignement complet et pratique, à la banque, aux différentes branches du commerce intérieur ou extérieur, et à l'industrie des soieries.

SECTION COMMERCIALE.

L'enseignement de la section commerciale comprend deux parties, dont chacune compte deux années.

L'âge minimum pour se présenter à l'école est de quatorze ans révolus pour être admis en première année de l'enseignement élémentaire, et de seize ans pour entrer en première année de l'enseignement supérieur, ou pour être inscrit dans la section de tissage.

L'École reçoit des élèves externes, des demi-pensionnaires et des internes.

Tableau des rétributions.

	ENSEIGNEMENT ÉLÉMENTAIRE. 1re et 2e année.	ENSEIGNEMENT SUPÉRIEUR. 1re et 2e année.	TISSAGE. FRANÇAIS.	TISSAGE. ÉTRANGERS.
Internat.............	1800	2200	2400	2800
Demi-pensionnaires.	665	965	1165	1565
Externes..........	310	610	810	1210

PROGRAMME DES COURS.

Bureau commercial.
Géographie commerciale.
Étude des marchandises.
Législation.
Économie politique.
Devoirs moraux du négociant.
Histoire du commerce.

Mathématiques et géographie.
Sciences naturelles.
Français.
Anglais.
Allemand.
Italien.
Calligraphie.

Tissage : Théorie, mécanique, travail manuel.

Son enseignement est entièrement séparé de celui de la section commerciale; il est à la fois théorique et pratique.

L'École possède quinze métiers.

La durée des études est d'une année scolaire (10 mois) et la rétribution de 810 francs pour les élèves externes.

ÉCOLE DU SERVICE DE SANTÉ MILITAIRE.

L'École du service de santé militaire est établie près de la Faculté de médecine de Lyon. Elle a pour objet : 1° d'assurer le recrutement des médecins de l'armée active; 2° de seconder les études universitaires des élèves du service de santé militaire; 3° de donner à ces élèves l'éducation militaire jusqu'à leur passage à l'École d'application de médecine et de pharmacie militaires (Val-de-Grâce).

L'effectif des élèves est fixé chaque année par le ministre de la guerre; les élèves se recrutent au concours parmi les étudiants en médecine.

Ils sont soumis, à l'École du service de santé, au régime militaire; en même temps qu'ils suivent les cours cliniques, conférences et travaux pratiques de la Faculté de médecine, ils reçoivent à l'École un complément d'instruction scientifique et littéraire.

Nul n'est admis à l'École du service de santé que par la voie du concours.

Nul ne peut être admis au concours s'il n'a préalablement justifié : 1° qu'il est Français ou naturalisé français; 2° qu'il a eu au 1er janvier de l'année du concours : moins de 22 ans pour les élèves concourant pour entrer en 4e division (4 inscriptions), moins de 23 ans pour les élèves concourant pour entrer en 3e division (18 inscriptions), moins de 24 ans pour les élèves concourant pour entrer en 2e division (12 inscriptions), moins de 25 ans pour les élèves concourant pour entrer en 1re division (15 inscriptions); 3° qu'il est pourvu du diplôme de bachelier ès lettres et de celui de bachelier ès sciences complet ou restreint pour la partie mécanique.

Il y a des épreuves d'admissibilité et des épreuves définitives.

Les épreuves d'admissibilité sont les suivantes : pour les candidats concourant à 4 inscriptions et ayant satisfait au 1er examen de doctorat :

1° Une composition française sur un sujet de philosophie (programme du baccalauréat ès lettres) ou d'histoire générale de l'Europe, du traité de Westphalie (1648) à la constitution de 1875; 2° une composition écrite sur un sujet d'histoire naturelle de physique ou de chimie médicale; 3° une composition écrite de langue étrangère (allemand ou anglais); 4° des interrogations sur la chimie médicale.

Pour les candidats concourant à 8 inscriptions :

1° Une composition écrite sur un sujet d'anatomie ou de physiologie; 3° une composition écrite en langue étrangère; 3° des interrogations sur l'anatomie.

Pour les candidats concourant à 12 inscriptions et ayant satisfait à la première partie du deuxième examen de doctorat :

1° Une composition écrite sur une question de pathologie générale;

2° Une composition écrite facultative de langue étrangère;

3° Des interrogations sur l'anatomie et la physiologie.

Pour les candidats ayant 16 inscriptions : 1° une composition écrite sur un sujet de pathologie et de thérapeutique; 2° une composition écrite facultative de langue étrangère; 3° des interrogations sur la pathologie externe et la médecine opératoire.

Les examens oraux pour l'admissibilité sont publics et ont une durée de quinze minutespour chaque candidat. La note obtenue par chacun d'eux, combinée avec les notes des compositions écrites, détermine l'admissibilité.

Les épreuves définitives sont publiques et consistent :

Pour les candidats concourant à 4 inscriptions, en des interrogations sur l'histoire naturelle et la physique médicale.

Pour les candidats concourant à 8 inscriptions, en interrogations sur la physiologie et l'histologie normale.

Pour les candidats concourant à 12 inscriptions, en interrogations sur la pathologie générale, interne et externe.

Pour les candidats concourant à 16 inscriptions, en interrogations sur la pathologie interne, l'hygiène et la thérapeutique.

Le prix de la pension est de 1000 francs par an.

Le prix du trousseau est de 898 francs pour les élèves qui passent deux ans à l'école, et de 681 fr. 65 pour ceux qui n'y restent qu'une année.

Des bourses, demi-bourses, des trousseaux, demi-trousseaux peuvent être accordés aux élèves.

Les élèves non militaires doivent contracter un engagement régulier avant leur entrée à l'École, s'ils sont âgés de plus de dix-huit ans, ou dès qu'ils auront atteint cet âge.

Tous les élèves contractent, en outre, à leur entrée à l'École, l'engagement de servir au moins pendant six ans dans le corps de santé de l'armée active, à partir de leur promotion au grade de médecin aide-major de deuxième classe.

Lorsque les élèves sont pourvus du diplôme de docteur en médecine et qu'ils remplissent du reste les conditions déterminées par les décisions ministérielles, ils passent de droit à l'École d'application de médecine et de pharmacie militaires (Val-de-Grâce).

Le jour où ils sont promus médecins aide-majors de deuxième classe, il leur est attribué cinq ans de service.

ÉCOLE CENTRALE LYONNAISE.

École industrielle sous le patronage de la Chambre de commerce de Lyon.

L'École a pour but de former des ingénieurs et des chefs d'ateliers. Elle a la spécialité de développer des aptitudes pratiques spéciales pour le service de la voie et de la traction, dans les grandes compagnies de chemins de fer.

La durée des études est de trois ans.

Les candidats doivent être âgés de 16 ans et subir un examen sur l'arithmétique, la géométrie, l'algèbre, la trigonométrie rectiligne, les notions élémentaires de physique et de chimie.

Le programme de l'enseignement comprend :

Première année.

Les mathématiques.	La physiologie.
La physique générale.	L'anatomie.
La chimie générale.	Le dessin.
La géométrie descriptive.	Les travaux manuels.
La géologie.	

Deuxième année.

Les mathématiques.	La métallurgie.
La statique.	La chimie organique.
La cinématique.	La minéralogie.
La géométrie descriptive.	L'hygiène.
La physique industrielle.	Le dessin.
Les machines outils.	Les travaux manuels.

Troisième année.

Les machines à vapeur.	Les manipulations.
La résistance des matériaux.	La cinématique.
Les chemins de fer.	La géométrie descriptive.
Les constructions civiles.	La pathologie d'urgence.
L'hydraulique.	Le dessin.
La chimie analytique.	Les travaux manuels.

L'École délivre un diplôme aux élèves qui le méritent.
La rétribution scolaire est de 700 francs par an.

ÉCOLE DE LA MARTINIÈRE.

L'École de la Martinière est destinée à l'étude des sciences et des arts, appliqués à l'industrie et au commerce. Elle ne prépare pas en vue de telle ou telle profession, mais a pour but de rendre ses élèves aptes à réussir dans une profession quelconque, avec les avantages que donnent une intelligence ouverte, l'habitude du raisonnement scientifique, une instruction relativement large, et surtout cet énorme entraînement au travail, qui est la caractéristique dominante de l'enseignement de l'École.

La durée des études est de trois ans.

Les matières enseignées sont :

Les mathématiques.	L'histoire.
La grammaire et compositions françaises.	La géographie.
	L'écriture.
Le dessin.	Les métiers manuels.
La physique.	Les exercices militaires.
La chimie.	La comptabilité.
Les sciences naturelles.	

L'École est gratuite et n'admet que des externes.

ÉCOLE DE LA MARTINIÈRE POUR LES FILLES.

ÉCOLE PROFESSIONNELLE.

Cette École est destinée à donner à la fois l'enseignement secondaire, spécial, et à enseigner l'apprentissage d'une profession. La durée des cours est de trois ans. L'enseignement est gratuit. Il est à la fois général et spécial. Le premier comprend :

Les mathématiques.	L'histoire.
La physique.	La géographie.
La chimie.	L'écriture.
Le dessin.	Les travaux manuels.
La grammaire.	

Le second se subdivise en 3 sections : commerce, dessin industriel, robes et lingerie.

ÉCOLE DE LA SALLE.

Nº 1, rue Neyret.

Cette École, qui est industrielle et commerciale, est rattachée aux Facultés catholiques. L'enseignement y est à la fois théorique et pratique. Il prépare les jeunes gens en vue de l'obtention des grades supérieurs universitaires, ou d'une spécialité technique. Des cours d'ajustage, de menuiserie, de modelage, de tissage, de manipulation technique, de dessin sont annexés à l'école.

INSTRUMENTS DE TRAVAIL.

BIBLIOTHÈQUES, MUSÉES ET INSTITUTS SCIENTIFIQUES.

1º Bibliothèque universitaire.

Section de droit	12 649	volumes.
— de médecine	18 260	—
— des sciences	7 000	—
— des lettres	30 358	—

En plus les bibliothèques des salles de conférences et des laboratoires.

2º Bibliothèques municipales.

a. Section du lycée : 150 000 volumes environ. Bibliothèque générale de philologie, histoire, philosophie et théologie; précieuse pour la littérature française et l'histoire de France. Vieux fonds, très riche et très abondant. Le fonds Coste contenant 18 641 numéros, et traitant de l'histoire lyonnaise et régionale est d'une très grande valeur.

b. 600 à 700 incunables; une précieuse collection de manuscrits, formant plus de 4000 volumes. La plupart de ces manuscrits intéressent l'histoire régionale.

c. Section du palais des Beaux-Arts...... 80 000 volumes :

12000 volumes de revues des sociétés savantes françaises et étrangères; 60000 d'ouvrages relatifs à l'histoire de l'art; 8 000 volumes de sciences proprement dites.

3° Bibliothèques du Muséum d'histoire naturelle, de l'Observatoire; cette dernière est uniquement composée d'ouvrages de mathématiques, et n'est ouverte qu'aux étudiants.

4° Bibliothèque de la Société des sciences naturelles.

5° — de la Société littéraire, historique et archéologique.

6° Bibliothèque de commerce au Palais de la Bourse.

    a. Bibliothèque du Musée d'art et d'industrie. Typographie, céramique, orfévrerie, joaillerie, horlogerie, broderie, costume, peinture, sculpture, architecture.

    b. Bibliothèque technique, 20000 volumes; statistique, douanes, commerce extérieur, tissage, canaux, chemins de fer, traités de commerce, économie politique, etc.

7° Bibliothèque de la Société de géographie.

8° — des Jésuites, nombreux ouvrages de théologie, d'histoire régionale et de numismatique..... 70 000 volumes.

9° — de l'Ecole vétérinaire.

10° — — centrale.

11° Archives départementales................ 80 000 volumes.

12° — municipales.................... 5 000 —

13° Bibliothèque de la Société des sciences industrielles.

14° — de la Société d'économie politique.

En dehors de leur caractère régional, les archives ont de l'importance pour l'histoire générale.

Beaux musées de peinture, d'épigraphie lyonnaise, d'antiques, de numismatique (30 000 pièces), de sigillographie (1 500 pièces du xiiᵉ au xviiiᵉ siècle), du Moyen Age et de la Renaissance, d'histoire naturelle (riche collection de paléontologie). Musée d'art et d'industrie; musée technique de l'Ecole la Martinière (machines). Musées des facultés.

Jardins botaniques.

Station agronomique de Pierre-Bénite.

Station biologique de Tamaris.

MONTPELLIER

FACULTÉ DE DROIT.

CHAIRES.

Droit civil (3 chaires).
Droit romain (2 chaires).
Procédure civile.
Droit criminel.

Droit commercial.
Droit administratif.
Économie politique.

COURS COMPLÉMENTAIRES.

Histoire générale du droit français public et privé.
Droit international privé.
Pandectes.
Histoire du droit.
Droit constitutionnel.

Droit maritime.
Droit civil approfondi.
Voies d'exécution et ordres.
Notariat et enregistrement.
Législation industrielle et financière.

FACULTÉ DE MÉDECINE.

CHAIRES.

Anatomie.
Physiologie.
Chimie médicale et pharmacie.
Botanique et histoire naturelle médicale.
Hygiène.
Opérations et appareils.
Pathologie externe.
Pathologie interne.
Thérapeutique et matière médicale.

Physique médicale.
Clinique des maladies mentales et nerveuses.
Médecine légale et toxicologie.
Clinique externe (2 chaires).
Clinique interne (2 chaires).
Clinique obstétricale et gynécologie.
Anatomie pathologique et histologie.

COURS COMPLÉMENTAIRES.

Histologie.
Accouchements.
Clinique des maladies des vieillards.

Clinique des maladies des enfants.
Clinique des maladies cutanées et syphilitiques.
Clinique ophtalmologique.

CONFÉRENCES.

Anatomie et médecine opératoire.

Botanique pratique et histoire naturelle.

Travaux pratiques.

Travaux d'anatomie, de physiologie, d'anatomie pathologique et histologie, de botanique et histoire naturelle, de chimie médicale et pharmacie, de physique médicale, d'hygiène, de médecine légale, d'opérations et appareils.

2 hôpitaux, 1 130 lits.

Laboratoires.

Laboratoires d'anatomie, de physiologie, d'histologie et d'anatomie pathologique, salle de bactériologie.

Laboratoires de médecine opératoire, de médecine légale et de toxicologie, d'hygiène, de thérapeutique, de conservation anatomique.

FACULTÉ DES SCIENCES.

CHAIRES.

Mathématiques pures.
Mécanique rationnelle.
Physique.
Chimie.

Minéralogie et géologie.
Botanique.
Zoologie.

COURS COMPLÉMENTAIRES.

Mécanique rationnelle et appliquée.
Physique.

Chimie.
Minéralogie.
Sciences naturelles.

Laboratoires.

Laboratoires de physique, d'optique, de chimie, de botanique, de géologie, de zoologie, de minéralogie.

FACULTÉ DES LETTRES.

CHAIRES.

Philosophie.
Histoire.
Langue et littérature grecques.

Langue et littérature latines.
Langue et littérature françaises.
Littératures étrangères.

COURS COMPLÉMENTAIRES.

Langue et littérature latines.
Langue et littérature françaises du moyen âge.

Langue allemande.
Langue et littérature arabes.
Histoire.

CONFÉRENCES.

Sciences de l'éducation.
Langue et littérature grecques.

Littérature française.

ÉCOLE SUPÉRIEURE DE PHARMACIE.

CHAIRES.

Histoire naturelle des médicaments et botanique.
Chimie générale.

Pharmacie.
Chimie analytique et toxicologie.
Physique.

COURS COMPLÉMENTAIRES.

Hydrologie et minéralogie. | Matière médicale.

Laboratoires et travaux pratiques.

Laboratoires de chimie, de toxicologie et de pharmacie, d'histoire naturelle, cabinet de photo-micrographie, laboratoire de physique.

ÉCOLE NATIONALE D'AGRICULTURE.

L'enseignement est à la fois théorique et pratique. Il s'adresse aux jeunes gens qui se destinent à l'enseignement agricole et à la gestion des domaines ruraux.

L'instruction est donnée dans des cours réguliers et des conférences; en outre, des applications et des travaux pratiques s'exécutent sur le domaine de l'École et dans les laboratoires.

L'École nationale d'agriculture reçoit des élèves internes et des auditeurs libres.

Les étrangers peuvent y être admis aux mêmes titres et conditions que les nationaux.

La durée des études est de deux années et demie.

Les candidats doivent être âgés de seize ans accomplis. Ils subissent un examen d'admission, à l'exception de ceux qui sont munis du diplôme de bachelier ès sciences ou de celui de l'enseignement secondaire spécial ou de celui de vétérinaire.

Le prix de l'internat est de 1000 francs par an et celui du demi-internat de 400 francs.

Il n'y a pas d'externat.

EXAMEN D'ADMISSION.

Le concours est divisé en 2 épreuves : des compositions écrites : une narration, la solution d'un problème d'arithmétique, d'algèbre ou de géométrie.

L'examen oral porte sur :

L'arithmétique. | La physique.
L'algèbre. | La chimie.
La géométrie. | La géographie.

A la fin de leurs études les élèves reçoivent un diplôme délivré par le ministre.

Le laboratoire de zoologie marine, qui est annexé à la Faculté des sciences, est installé à Cette.

ÉCOLE RÉGIONALE DE PEINTURE.

Cette école enseigne les arts du dessin, de la peinture, de la sculpture, de l'architecture et la stéréotomie. L'enseignement technique est complété par des cours de perspective, d'histoire de l'art, d'anatomie, de géométrie.

ÉCOLE MUNICIPALE DE MUSIQUE.

Classes de solfège, de chant, de violon, de piano, de violoncelle, de
contrebasse, de piston, de cor, de hautbois, de basson, de flûte, de
clarinette, de trombone.

OBSERVATOIRE MÉTÉOROLOGIQUE.

L'observatoire de la Commission météorologique, muni des appareils nécessaires, est installé à l'École d'agriculture.

INSTRUMENTS DE TRAVAIL.

1°	Bibliothèque universitaire (Collection Atger, dessins originaux des grands maîtres, 950 manuscrits)....	100 000	volumes.
2°	— municipale riche en documents pour l'histoire régionale.....	125 000	—
3°	— de l'École de pharmacie.......	8 000	—
4°	— de la Société d'archéologie....	8 000	—
5°	— de l'École d'agriculture.......	8 000	—
6°	— du Grand Séminaire..........	25 000	—
7°	— de l'Académie des sciences et lettres....................	25 000	—

Instituts de physique et de chimie, de botanique, de zoologie, avec
son annexe, le laboratoire maritime de Cette.
Collections zoologiques, minéralogiques, botaniques, herbier médi-
terranéen, collections archéologiques, musée des beaux-arts, jardin
botanique.

SOCIÉTÉS SAVANTES.

Académie des sciences et lettres.
Société archéologique.
— pour l'étude des langues romanes.
— de géographie.
— des sciences naturelles et physiques.
— de médecine et de chirurgie pratiques.
— d'agriculture.

NANCY

FACULTÉ DE DROIT.

CHAIRES.

Code civil (3 chaires).
Droit romain (2 chaires).
Procédure civile.
Droit criminel.

Droit commercial.
Droit administratif.
Économie politique.

COURS COMPLÉMENTAIRES.

Histoire générale du droit français public et privé.
Droit international privé.
Pandectes.
Histoire du droit.
Droit constitutionnel.

Droit civil approfondi et enregistrement.
Droit des gens.
Droit français étudié dans ses origines féodales et coutumières.

FACULTÉ DE MÉDECINE.

CHAIRES.

Anatomie.
Physiologie.
Anatomie et physiologie pathologique.
Histologie.
Pathologie interne.
Pathologie externe.
Médecine opératoire.
Matière médicale et thérapeutique.

Botanique et histoire naturelle médicale.
Chimie médicale et toxicologie.
Physique médicale.
Médecine légale.
Clinique chirurgicale (2 chaires).
Clinique médicale (2 chaires).
Clinique obstétricale et accouchements.
Hygiène.

COURS COMPLÉMENTAIRES.

Clinique ophtalmologique.
Clinique des maladies mentales.
Clinique des maladies des vieillards.

Clinique des maladies cutanées et syphilitiques.
Clinique des maladies des enfants.
Accouchements.

Cours et travaux pratiques.

Anatomie, histologie, physiologie, anatomie et physiologie pathologiques, botanique et histoire naturelle.

Laboratoires.

Laboratoires de chimie médicale, de physique, de matière médicale et thérapeutique, d'hygiène.

3 hôpitaux, 647 lits.

FACULTÉ DES SCIENCES.

CHAIRES.

Mathématiques pures.

Mathématiques appliquées.

Chimie générale.

Chimie agricole.

Physique.

Géologie et minéralogie.

Zoologie et physiologie.

Botanique.

COURS COMPLÉMENTAIRES.

Mathématiques.

Météorologie.

Chimie générale.

Zoologie.

Géologie.

CONFÉRENCES.

Mathématiques.

Physique.

Chimie industrielle.

Laboratoires.

Laboratoires de chimie générale, d'analyse organique, de chimie agricole, de physique, de géologie, de minéralogie, de zoologie.

Institut chimique.

Laboratoires de chimie minérale, de chimie industrielle, de chimie agricole.

FACULTÉ DES LETTRES.

CHAIRES.

Philosophie.

Histoire.

Histoire et géographie.

Langue et littérature grecques.

Langue et littérature latines.

Littérature française.

Littératures étrangères.

COURS COMPLÉMENTAIRES.

Archéologie.

Littérature française.

CONFÉRENCES.

Philologie latine.

Langue et littérature grecques.

Institutions grecques et romaines.

Grammaire.

Histoire et géographie.

Géographie physique.

Langue allemande.

ÉCOLE SUPÉRIEURE DE PHARMACIE.

CHAIRES.

Matière médicale.

Chimie.

Toxicologie et physique.

Histoire naturelle.

Pharmacie.

COURS COMPLÉMENTAIRES.

Chimie.	Minéralogie et hydrologie.
Pharmacie galénique.	Zoologie.

Laboratoires.

Laboratoires d'analyse chimique et toxicologique, de micrographie, de matière médicale.

ÉCOLE FORESTIÈRE.

Cette École a pour but de former des jeunes gens qui se destinent au service de l'administration des forêts.

Tous les élèves de l'École forestière se recrutent parmi les élèves diplômés de l'Institut national agronomique. Est maintenue l'exception établie en faveur des élèves sortant de l'École polytechnique. Pour être admis à l'École forestière, les élèves diplômés de l'institut agronomique devront avoir eu vingt-deux ans au plus au 1er janvier de l'année courante ; le nombre des élèves reçus chaque année ne peut être supérieur à 12.

Le cours des études est de deux ans.

Le régime de l'École est l'internat.

La pension est de 1 500 francs par an indépendamment d'une somme de 1 050 francs pour achat des effets d'uniforme, d'équipement et de literie, etc.

Il est institué annuellement 10 bourses de 1 500 francs chacune en faveur des élèves de l'École forestière.

CONSERVATOIRE NATIONAL DE MUSIQUE ET DE DÉCLAMATION.

ÉCOLE MUNICIPALE DES BEAUX-ARTS.

INSTRUMENTS DE TRAVAIL.

Bibliothèque universitaire.................. 45 000 volumes.
Bibliothèque municipale (1 178 manuscrits ;
   300 ouvrages rares et précieux ; incunables,
   éditions princeps).................... 85 000 —

Observatoire météorologique.
Station agronomique.
Jardin botanique.

6

TOULOUSE

FACULTÉ DE DROIT.

CHAIRES.

Droit civil (3 chaires).
Droit romain (2 chaires).
Procédure civile.
Droit commercial.
Droit administratif.

Droit criminel.
Droit français étudié dans ses origines féodales et coutumières.
Économie politique.

COURS COMPLÉMENTAIRES.

Histoire générale du droit français public et privé.
Droit international privé.
Pandectes.

Droit constitutionnel.
Procédure civile.
Code civil approfondi.
Législation industrielle.

FACULTÉ DES SCIENCES.

CHAIRES.

Calcul différentiel et intégral.
Mécanique rationnelle et appliquée.
Astronomie.
Physique.

Chimie.
Géologie et minéralogie.
Botanique.
Zoologie.

COURS COMPLÉMENTAIRES.

Mathématiques.

CONFÉRENCES.

Zoologie.
Chimie.
Mathématiques.

Géométrie.
Physique.
Géologie et minéralogie.

Laboratoires.

Laboratoires de physique, salles de calorimétrie, de détermination magnétique, d'enregistreur de l'électricité atmosphérique. Laboratoires de chimie, de chimie organique, de chimie agricole et industrielle ; laboratoires de minéralogie, d'essais chimiques ; laboratoires de zoologie. Aquarium ; laboratoires de botanique, laboratoires de recherches.

FACULTÉ DES LETTRES.

CHAIRES.

Philosophie.
Langue et littérature françaises.
Langue et littérature grecques.

Langue et littérature latines.
Langues et littératures étrangères.

Histoire.
Histoire de la France méridionale.
Antiquités grecques et latines.

Langue et littérature méridionales.
Langue et littérature espagnoles.

COURS COMPLÉMENTAIRES.

Sciences de l'éducation. | Langue et littérature anglaises.

CONFÉRENCES.

Histoire.
Géographie.
Institutions grecques et latines.

Littérature grecque.
Grammaire.
Allemand.

ÉCOLE DE PLEIN EXERCICE DE MÉDECINE ET DE PHARMACIE.

CHAIRES.

Anatomie.
Physiologie.
Pathologie interne et pathologie générale.
Pathologie externe et médecine opératoire.
Clinique interne (2 chaires).
Clinique externe (2 chaires).
Clinique obstétricale et gynécologie.

Thérapeutique.
Hygiène et médecine légale.
Pharmacie.
Chimie médicale.
Botanique et zoologie élémentaires.
Matière médicale.
Physique médicale.
Anatomie pathologique.

COURS COMPLÉMENTAIRES.

Chaires d'anatomie et de physiologie.
Chaires de pathologie et de clinique médicale.
Chaires de pathologie et de clinique chirurgicale et de clinique obstétricale.
Chaires de pharmacie et matière médicale.
Chaires de physique et de chimie.
Chaires d'histoire naturelle.

Laboratoires et travaux pratiques.

Laboratoires de chimie, pharmacie, anatomie, physique médicale, micrographie, chimie biologique, histologie, thérapeutique, hygiène, médecine légale, laboratoire de recherches.

Cliniques.

Cliniques médicale, chirurgicale, obstétricale.

OBSERVATOIRE ASTRONOMIQUE.

L'Observatoire possède un laboratoire de physique, un pavillon météorologique, une salle pour l'étude des phénomènes magnétiques, une coupole pour le grand télescope, une autre pour l'équatorial Brunner, une salle méridienne, une coupole photographique et une bibliothèque. Entre autres instruments, il a : un télescope de $0^m,85$ d'ouverture, un équatorial Brunner de $0^m,25$ d'ouverture avec mouvement d'horlogerie, cercle horaire donnant la vingtième de seconde du temps et cercle de déclinaison donnant la seconde d'arc, micromètres à comètes, à étoiles doubles, à planètes, et spectroscope à vision directe pour l'étude des protubérances solaires ; un chercheur de $0^m,20$ d'Eichens, système Villarceau, une lunette méridienne de Ramsdem, un télescope Foucault de $0^m,33$ d'ouverture, monté à nouveau par Brunner, un équatorial de Secrétan de $0^m,108$ d'ouverture, un cercle méridien de Gautier de $0^m,20$ d'ouverture, un équatorial photographique. — Un petit cercle méridien établi dans le jardin et dirigé sur le Pic du Midi permet d'étudier les variations de la réfraction horizontale.

La station météorologique comprend un baromètre, un thermomètre sec, un pluviomètre, un anémomètre et un anémoscope enregistreurs de Redier, un baromètre et un thermomètre enregistreurs de Richard.

Des instruments magnétiques enregistreurs de Mascart permettent d'observer d'une manière continue la variation de la déclinaison, de l'intensité magnétique horizontale et de l'intensité verticale.

Plusieurs volumes d'annales relatant les travaux faits à l'observatoire ont été publiés.

INSTITUT CATHOLIQUE.

ÉCOLE DE THÉOLOGIE.

CHAIRES.

Théologie dogmatique.	Apologétique chrétienne et patrologie.
Théologie morale.	
Écriture Sainte.	Histoire ecclésiastique.
Droit canonique.	Philosophie.

FACULTÉ LIBRE DES LETTRES.

CHAIRES.

Histoire de la littérature grecque.	Histoire ecclésiastique.
Histoire de la littérature latine.	Philosophie scolastique.
Littérature française.	Histoire.
Histoire.	Antiquités grecques.
Exercices pratiques, français, grecs et latins.	Littératures étrangères.
Institutions de la Grèce.	Littérature française.
Apologétique chrétienne.	Littérature grecque.
	Littérature latine.

ENSEIGNEMENT SCIENTIFIQUE.

Chimie.	Mathématiques.
Chimie agricole.	

ÉCOLE NATIONALE VÉTÉRINAIRE (Voir page 38, ÉCOLE NATIONALE VÉTÉRINAIRE D'ALFORT).

ÉCOLE MUNICIPALE DES BEAUX-ARTS ET DES SCIENCES INDUSTRIELLES.

Cette école réputée donne une instruction artistique complète. L'enseignement du dessin, de la peinture, de l'architecture, de la sculpture et de la gravure est complété par des cours de géométrie, de levés de plans, de perspective, d'anatomie, d'histoire de l'art, de mathématiques, de géométrie descriptive, d'algèbre, de géométrie élémentaire, de mathématiques, de mécanique théorique et appliquée, de physique.

CONSERVATOIRE NATIONAL DE MUSIQUE.

Classes de solfège, d'harmonie, de chant, de déclamation lyrique et d'instruments à cordes et à vent.

OBSERVATOIRE DU PIC DU MIDI.

L'Observatoire du Pic du Midi est consacré principalement aux observations météorologiques; il peut y être fait cependant des études d'autre nature, et particulièrement d'astronomie et de physique. Son altitude a 2875 mètres; l'isolement du pic en avant de la chaîne, le privilège qu'il a de dominer de 500 mètres les nuées orageuses, et d'émerger sept fois sur dix dans l'azur du ciel, lorsque les vallées inférieures sont inondées par la pluie et sillonnées par la foudre, les aménagements qui y ont été faits, l'installation matérielle, les nombreux appareils qui y ont été placés en font un poste de vigie exceptionnel pour le signalement des tempêtes, et, à un point de vue général, une station d'études spéciales pour l'astronomie et les sciences physiques, ouverte à toute personne occupée de recherches scientifiques. Créé par l'initiative privée, devenu aujourd'hui propriété d'État, il a servi déjà à bien des expériences intéressantes sur les phénomènes météorologiques, le magnétisme terrestre, la lumière, la chaleur, le régime hygrométrique, sur la physiologie animale (respiration, circulation du sang) et végétale, sur la force et l'intensité des vents, sur la physique céleste, la lumière sidérale, l'analyse spectrale, et à des comparaisons curieuses avec les radiations et réfractions solaires observées à différentes altitudes. L'observatoire possède un laboratoire de chimie pour l'étude de la composition de l'air et des eaux selon les vents, et l'état électrique de l'atmosphère; il est pourvu de tous les appareils nécessaires pour le service météorologique et possède comme outillage astronomique : deux lunettes chercheur, un spectroscope, une monture de lunette équatoriale de $0^m,16$ avec support à déplacement, une monture de télescope de $0^m,24$ avec support et déplacement, un héliostat pour études spectrales, un théodolite de Gambey, une lunette équatoriale de $0^m,20$ à installation fixe avec mouvement d'horlogerie, une lunette équatoriale de $0^m,16$ avec mouvement d'horlogerie, un octant avec ses accessoires, un grand chronomètre, une lunette méridienne, un chronographe ou compteur à seconde, les tables astronomiques et ouvrages spéciaux.

INSTRUMENTS DE TRAVAIL.

1° Bibliothèque universitaire.................. 58 557 volumes.

2°   —   municipale (887 manuscrits, 800 incunables).............. 90 000   —

3°   —   de l'École vétérinaire.......... 10 000   —

4°   —   de l'Académie des jeux floraux, remarquable par sa collection de manuscrits, de registres, de grammaires et de glossaires, en langue romane datant des XIVe et XVe siècle. Collections de las flos del gai saber, série de pièces couronnées depuis l'origine des jeux.

5°   —   de l'Académie des sciences, inscriptions et belles-lettres, de l'Académie de législation, de la Société archéologique, de la Société d'histoire naturelle, de la Société d'agriculture, de la Société de médecine.

Beau musée des beaux-arts. Riche médaillier de 4 257 pièces; musée archéologique.

Jardin des plantes (collection de plantes pyrénéennes).

CHAPITRE IV

AIX

FACULTÉ DE DROIT.

CHAIRES.

Code civil (3 chaires).
Droit romain (2 chaires).
Droit criminel.
Procédure civile.

Droit commercial.
Droit administratif.
Économie politique.

COURS COMPLÉMENTAIRES.

Histoire générale du droit français public et privé.
Droit international privé.
Pandectes.

Histoire du droit.
Droit constitutionnel.
Droit maritime.
Notariat et enregistrement.

FACULTÉ DES LETTRES.

CHAIRES.

Philosophie.
Histoire.
Littérature et institutions grecques.

Littérature latine et institutions romaines.
Littératures étrangères.
Littérature française.

COURS COMPLÉMENTAIRES.

Géographie.
Littérature française (cours réservé aux étudiants en droit étrangers).

CONFÉRENCES.

Histoire ancienne.
Langue et littérature grecques.

Philologie grecque et latine.
Littérature française.

INSTRUMENTS DE TRAVAIL.

1° Bibliothèque universitaire............... 28 850 volumes.
2° — Méjanes (riche fonds d'histoire et de géographie ; ouvrages très rares) ; une centaine d'incunables ; 1 200 manuscrits se rapportant à l'histoire de la Provence et à l'histoire locale........................ 100 000 —
Riche musée d'archéologie.

ALGER

FACULTÉ DE DROIT.

CHAIRES.

Droit commercial.
Droit criminel.
Code civil (3 chaires).
Droit romain (2 chaires).
Procédure civile.

Droit constitutionnel et administratif.
Législation algérienne et coutumes indigènes.

COURS COMPLÉMENTAIRES.

Économie politique.
Histoire du droit français public et privé.
Droit maritime.
Droit français civil et pénal.

Législation algérienne.
Coutumes indigènes.
Droit français professé aux indigènes.

ÉCOLE PRÉPARATOIRE DE MÉDECINE ET DE PHARMACIE.

CHAIRES.

Anatomie.
Physiologie.
Pathologie interne.
Clinique interne.
Pathologie externe et médecine opératoire.
Clinique externe.

Clinique obstétricale et gynécologie.
Chimie et toxicologie.
Histoire naturelle.
Pharmacie et matière médicale.
Hygiène et médecine légale.
Thérapeutique.

COURS COMPLÉMENTAIRES.

Physique.
Clinique des maladies cutanées et syphilitiques.

Clinique des maladies des enfants.

SUPPLÉANTS.

Anatomie et physiologie.
Pathologie et clinique internes.
Pathologie et clinique chirurgicale et clinique obstétricale.

Physique et chimie.
Histoire naturelle.
Pharmacie et matière médicale.

Laboratoires.

Laboratoires de thérapeutique, d'histoire naturelle, d'hygiène, de médecine légale, d'histologie, de bactériologie, de chimie, de toxicologie, de physique, de physiologie.

Cliniques.

Cliniques médicale, chirurgicale, obstétricale, des maladies des enfants, des maladies syphilitiques et cutanées.
Hôpital de Mustapha, 382 lits.

ÉCOLE DES SCIENCES.

CHAIRES.

Mathématiques.
Mécanique.
Physique.

Chimie.
Zoologie et botanique.
Minéralogie et géologie.

COURS COMPLÉMENTAIRES.

Astronomie.
Botanique.

Minéralogie.
Physiologie.

Laboratoires.

Laboratoires de zoologie maritime, de géologie et minéralogie, de zoologie, de botanique, de chimie, d'expériences en plein air.
Salles de polarisation, de physique, laboratoire de recherches.

ÉCOLE DES LETTRES.

Philosophie et histoire de la philosophie.
Histoire et antiquités de l'Afrique.
Géographie de l'Afrique.

Langue et littérature françaises.
Langues et littératures anciennes.
Langues et littératures étrangères.
Langue arabe.

COURS COMPLÉMENTAIRES.

Langues et littératures anciennes.
Littératures arabe et persane.
Dialectes berbères (répétitions pratiques).

Dialectes berbères (théorie).
Arabe vulgaire.
Égyptologie.

OBSERVATOIRE ASTRONOMIQUE.

Il est installé à la Vigie, à 9 kilomètres d'Alger, sur la commune de Bouzareah. Il comprend un grand pavillon méridien, un petit pavillon méridien, un pavillon du télescope Foucault, un pavillon de l'équatorial coudé, un pavillon de l'équatorial photographique, une Bibliothèque et plusieurs autres pavillons affectés au service de l'établissement.

LABORATOIRE DE ZOOLOGIE MARINE.

Il est situé à l'extrémité de l'îlot de l'Amirauté et occupe une superficie totale de 710 mètres carrés. Aquariums, collections.

INSTRUMENTS DE TRAVAIL.

Bibliothèque universitaire................. 46 428 volumes.

Il existe une chaire d'arabe à Oran et une à Constantine.

AMIENS

ÉCOLE PRÉPARATOIRE DE MÉDECINE ET DE PHARMACIE.

CHAIRES.

Anatomie.
Physiologie.
Pathologie interne.
Clinique interne.
Pathologie externe et médecine opératoire.
Clinique externe.

Clinique obstétricale et gynécologie.
Chimie et toxicologie.
Hygiène et thérapeutique.
Pharmacie et matière médicale.
Histoire naturelle.

COURS COMPLÉMENTAIRES.

Physique.

SUPPLÉANTS.

Chaire d'anatomie et de physiologie.
Chaire de pathologie et de clinique internes.
Chaire de pathologie et de clinique externes ou de clinique obstétricale.
Chaire de physique et de chimie.
Chaire de pharmacie et matière médicale.
Chaire d'histoire naturelle.

Cliniques.

Médecine, chirurgie, obstétrique et gynécologie, maladies des enfants et syphilis, ophtalmologie, maladies mentales.
Hôpital, 183 lits.

Laboratoires.

Laboratoires d'anatomie, de chimie, d'ophtalmologie, de physique, d'histologie, de travaux pratiques.

Bibliothèque municipale : médecine, belles-lettres, histoire, sciences et arts, histoire des religions, jurisprudence, théologie, polygraphie.

ANGERS

ÉCOLE PRÉPARATOIRE DE MÉDECINE ET DE PHARMACIE.

CHAIRES.

Anatomie.
Physiologie.
Pathologie interne.
Clinique interne.
Pathologie externe et médecine opératoire.
Clinique externe.

Accouchements, maladies des femmes et des enfants.
Hygiène et thérapeutique.
Pharmacie et matière médicale.
Histoire naturelle.
Chimie et toxicologie.

SUPPLÉANTS.

Anatomie et physiologie.
Pathologie et clinique interne.
Pathologie et clinique externe et
accouchements.

Chimie.
Pharmacie et matière médicale.
Histoire naturelle.

HÔTEL-DIEU.

Cliniques médicale, chirurgicale, obstétricale, 159 lits.
Laboratoires de chimie, pharmacie.

FACULTÉS LIBRES D'ANGERS.

FACULTÉ LIBRE DE THÉOLOGIE.

CHAIRES.

Dogmatique générale.
Dogmatique spéciale.
Écriture Sainte.
Philosophie.

Antiquités hébraïques.
Droit naturel.
Droit canonique.

FACULTÉ LIBRE DE DROIT.

CHAIRES.

Droit naturel.

Droit canonique.

LICENCE.

Première année.

Code civil.
Droit romain.
Droit criminel.
Histoire du droit.

Deuxième année.

Code civil.

Droit romain.
Procédure civile.
Économie politique.

Troisième année.

Code civil.
Droit commercial.
Droit administratif.
Droit international privé.

DOCTORAT.

Pandectes.
Conférences sur le droit romain
et son histoire.

Histoire du droit.
Droit constitutionnel.
Droit maritime.

FACULTÉ LIBRE DES SCIENCES.

Mathématiques pures.
Mathématiques appliquées.
Physique.
Chimie.

Zoologie.
Botanique.
Géologie et minéralogie.

FACULTÉ LIBRE DES LETTRES.

Philosophie.
Histoire.
Littérature grecque et littérature latine.
Littérature française.

Grammaire comparée des langues classiques.
Littératures étrangères.
Littérature orientale.
Esthétique et histoire de l'art.

Bibliothèque : histoire, belles-lettres, sciences et arts, catalogue des manuscrits par Lemarchand.

ARCACHON

Laboratoire de zoologie marine rattaché à la Faculté des Sciences de Bordeaux.

BANYULS

Laboratoire de zoologie expérimentale comparée rattaché à la Faculté des Sciences de Paris.

BESANÇON

FACULTÉ DES SCIENCES.

CHAIRES.

Calcul différentiel et intégral.
Mécanique rationnelle et appliquée.
Physique.

Chimie.
Géologie et minéralogie.
Zoologie et botanique.
Astronomie.

CONFÉRENCES.

Botanique.

FACULTÉ DES LETTRES.

CHAIRES.

Philosophie.
Littérature française.
Littérature ancienne.
Littérature étrangère.

Histoire et géographie des temps modernes.
Histoire et géographie de l'antiquité et du moyen âge.

CONFÉRENCES.

Langue et littérature latines.
Grammaire.

Allemand.

ÉCOLE PRÉPARATOIRE DE MÉDECINE ET DE PHARMACIE.

CHAIRES.

Anatomie.
Physiologie.
Clinique interne.
Pathologie externe et médecine opératoire.
Clinique externe.

Accouchements, maladies des femmes et des enfants.
Chimie et toxicologie.
Pharmacie et matière médicale.
Histoire naturelle.
Hygiène et thérapeutique.

COURS COMPLÉMENTAIRES.

Physique.

SUPPLÉANTS

Chaire d'anatomie et de physiologie.
Chaire de pathologie et clinique internes.
Chaire de pathologie, de clinique externe et accouchements.
Chaire de chimie, de pharmacie et de matière médicale.
Chaire d'histoire naturelle.

Laboratoires.

Laboratoires de physiologie, de chimie, de pharmacie, de micrographie, d'histologie, de pathologie, de bactériologie, de physique et d'histoire naturelle.

Cliniques.

Cliniques médicale, chirurgicale, obstétricale, 206 lits.

OBSERVATOIRE ASTRONOMIQUE, MÉTÉOROLOGIQUE ET CHRONOMÉTRIQUE.

Il couvre une superficie de plus de 7 hectares, au lieu dit la Bouloie. Il comprend plusieurs pavillons, entre autres celui de l'équatorial coudé, de la méridienne, avec des aménagements spéciaux pour les études chronométriques.

INSTRUMENTS DE TRAVAIL.

1° Bibliothèque universitaire......... 16000 volumes environ.

2° Bibliothèque municipale (très riche en ouvrages précieux pour l'histoire, la philologie, l'archéologie); manuscrits, manuscrits grecs.

3° Bibliothèque du grand séminaire : collections des Pères, des conciles, grandes collections bénédictines.

Jardin botanique; musées des Beaux-Arts, d'archéologie, d'histoire naturelle; musée Gigoux.

CAEN

FACULTÉ DE DROIT.

CHAIRES.

Code civil (3 chaires).
Droit romain (2 chaires).
Procédure civile.
Droit commercial.

Droit administratif.
Droit criminel.
Économie politique.

COURS COMPLÉMENTAIRES.

Histoire générale du droit français public et privé.
Droit international privé.

Pandectes.
Histoire du droit.
Droit constitutionnel.

FACULTÉ DES SCIENCES.

CHAIRES.

Calcul différentiel et intégral.
Mécanique rationnelle et appliquée.
Physique.

Chimie.
Zoologie et physiologie animale.
Géologie et paléontologie.
Botanique.

CONFÉRENCES.

Mathématiques.
Chimie.

Physique.
Zoologie.

Laboratoire de Luc-sur-Mer.
Station agronomique.

FACULTÉ DES LETTRES.

CHAIRES.

Philosophie.
Histoire.
Géographie.
Littérature française.
Littératures étrangères.

Littérature latine et institutions romaines.
Littérature et institutions grecques.

CONFÉRENCES.

Histoire.
Grammaire et langue grecques.

Littérature française.

ÉCOLE PRÉPARATOIRE DE MÉDECINE ET DE PHARMACIE.

CHAIRES.

Anatomie.
Physiologie.
Pharmacie et matière médicale.
Pathologie interne.
Clinique interne.
Pathologie externe et médecine opératoire.

Clinique externe.
Clinique obstétricale et gynécologie.
Hygiène et thérapeutique.
Chimie et toxicologie.
Physique.
Histoire naturelle.

SUPPLÉANTS.

Chaire de physique et de chimie.
Chaire d'anatomie et de physiologie.
Chaire de pathologie et de clinique internes.
Chaire de pathologie et de cli-

nique chirurgicales et de clinique obstétricale.
Chaire d'histoire naturelle.
Chaire de pharmacie et matière médicale.

Cliniques.

Cliniques médicale, chirurgicale et obstétricale.

Laboratoires.

Laboratoires de physique, de chimie, de zoologie, de géologie.
Laboratoires de pharmacie, de physique, de micrographie, d'anatomie et physiologie.
Salles de dissection et de vivisection.

Collections.

Collections de zoologie, de géologie et de minéralogie.

ÉCOLE NATIONALE DE MUSIQUE.

INSTRUMENTS DE TRAVAIL.

1° Bibliothèque universitaire............... 41 935 volumes.
2° Bibliothèque municipale (nombreux documents sur l'histoire de la Normandie; 600 manuscrits)..................... 100 000 —
Collections zoologiques et minéralogiques.
Jardin botanique.

CETTE

Laboratoire de zoologie marine rattaché à la Faculté des Sciences de Montpellier.

CHAMBÉRY

ÉCOLE PRÉPARATOIRE A L'ENSEIGNEMENT SUPÉRIEUR DES SCIENCES ET DES LETTRES.

CHAIRES.

Mathématiques.
Physique et mécanique.
Chimie.
Géométrie descriptive.
Modelage et dessin d'ornement.
Littérature française.

Histoire et géographie.
Dessin linéaire.
Stéréotomie.
Géologie.
Droit commercial.

ÉCOLE NATIONALE DE MUSIQUE.

CLERMONT

FACULTÉ DES SCIENCES.

CHAIRES.

Calcul différentiel et intégral.
Mécanique rationnelle et appliquée.
Physique.

Chimie.
Zoologie et botanique.
Géologie et minéralogie.
Astronomie.

CONFÉRENCES.

Physique.

Sciences naturelles.

Travaux pratiques.

Travaux pratiques de physique, de zoologie, de botanique, de géologie, de minéralogie.
Laboratoire de chimie.
Collections.

FACULTÉ DES LETTRES.

CHAIRES.

Philosophie.
Littérature ancienne.
Littérature française.
Littérature étrangère.

Histoire et géographie des temps modernes.
Histoire et géographie de l'antiquité et du moyen âge.

COURS COMPLÉMENTAIRES.

Grammaire. | Histoire de l'Auvergne.

CONFÉRENCES.

Philosophie. | Littérature française.
Langues et littératures anciennes. |

ÉCOLE PRÉPARATOIRE DE MÉDECINE ET DE PHARMACIE.

CHAIRES.

Anatomie. | Accouchements, maladies des
Physiologie. | femmes et des enfants.
Pathologie interne. | Chimie et toxicologie.
Clinique interne. | Pharmacie et matière médicale.
Pathologie externe et médecine | Histoire naturelle.
opératoire. | Hygiène et thérapeutique.
Clinique externe. |

SUPPLÉANTS.

Pathologie et clinique internes. | Anatomie et physiologie.
Pathologie et clinique externes | Chimie, pharmacie, matière mé-
et accouchements. | dicale et histoire naturelle.

Travaux pratiques de physique et de chimie.
Cliniques interne et externe.
Hôpital : 137 lits.

ÉCOLE DES BEAUX-ARTS.

ÉCOLE DES ARTS ET MÉTIERS.

ANNEXÉE A L'ÉCOLE PRIMAIRE SUPÉRIEURE.

OBSERVATOIRE MÉTÉOROLOGIQUE DU PUY-DE-DOME.

L'Observatoire météorologique du Puy-de-Dôme se compose de deux stations : l'une dite Station de la Plaine, installée près de la Faculté des sciences, l'autre appelée Station de la Montagne, établie au sommet du Puy-de-Dôme ; ce sont en réalité 2 observatoires reliés par 2 lignes télégraphiques. L'observatoire de la Montagne est situé à 1 465 mètres d'altitude.

INSTRUMENTS DE TRAVAIL.

1º Bibliothèque universitaire................ 20 241 volumes.
2º Bibliothèque municipale (1 100 manuscrits et
  4 200 volumes concernant spécialement l'Au-
  vergne)........................... 50 000 —

7

2 stations agronomiques.
Laboratoire de chimie minérale.
Musée d'antiquités et collections d'histoire naturelle.
Jardin des Plantes; belle école de botanique; aquarium.

DIJON

FACULTÉ DE DROIT.

CHAIRES.

Code civil (3 chaires).
Droit romain (2 chaires).
Procédure civile.
Droit commercial.

Droit administratif.
Droit criminel.
Économie politique.

COURS COMPLÉMENTAIRES.

Histoire générale du droit français public et privé.
Droit international privé.

Pandectes.
Histoire du droit.
Droit constitutionnel.

FACULTÉ DES SCIENCES.

CHAIRES.

Calcul différentiel et intégral.
Mécanique rationnelle et appliquée.
Physique.

Chimie.
Zoologie et physiologie.
Botanique.
Géologie et minéralogie.

COURS COMPLÉMENTAIRES.

Chimie.

CONFÉRENCES.

Mathématiques.

Laboratoires.

Laboratoires de physique, de chimie, de zoologie, d'histologie.
Collections diverses.

FACULTÉ DES LETTRES.

CHAIRES.

Philosophie.
Histoire.
Littérature française.

Littérature étrangère.
Littérature grecque.
Littérature latine.

CONFÉRENCES.

Histoire.
Grammaire.

Littérature française.

ÉCOLE PRÉPARATOIRE DE MÉDECINE ET DE PHARMACIE.

CHAIRES.

Anatomie.
Physiologie.
Pathologie interne.
Clinique interne.
Pathologie externe et médecine
opératoire.
Clinique externe.

Accouchements, maladies des
femmes et des enfants.
Hygiène et thérapeutique.
Chimie et toxicologie.
Pharmacie et matière médicale.
Histoire naturelle.

COURS COMPLÉMENTAIRES.

Physique.

SUPPLÉANTS.

Chaires d'anatomie et de physiologie.
Chaires de pathologie et de clinique internes.
Chaires de pathologie et de cli-

nique externes et d'accouchements.
Chaires de chimie, de pharmacie
et matière médicale, d'histoire naturelle.

Laboratoire de chimie.
Cliniques interne, externe et accouchements.
2 hôpitaux, 124 lits.

INSTRUMENTS DE TRAVAIL.

1° Bibliothèque universitaire................. 34 438 volumes.
2° — municipale (riche en livres d'histoire, en manuscrits et en documents relatifs à la région).... 90 000 —
3° — de l'École des beaux-arts.
4° — des Archives départementales et municipales.
5° — de l'Académie des sciences et des belles-lettres (très importante).
6° — de la Société bourguignonne d'histoire et de géographie.
Musées d'histoire naturelle et d'archéologie.
Musée des beaux-arts.
Jardin botanique.
Station agronomique.
Sociétés d'horticulture et de viticulture.

FONTAINEBLEAU

Laboratoire de biologie végétale rattaché à la Faculté des sciences de
Paris.

Bibliothèques : bibliothèque de la ville, bibliothèque du château.
[Catalogue des manuscrits de la bibliothèque du palais par Moulinier.]

GRENOBLE

FACULTÉ DE DROIT.

CHAIRES.

Code civil (3 chaires).
Droit romain (2 chaires).
Procédure civile.

Droit commercial.
Droit administratif.
Droit pénal.

COURS COMPLÉMENTAIRES.

Histoire générale du droit français public et privé.
Droit international privé.
Économie politique.
Pandectes.
Histoire du droit.

Droit constitutionnel.
Science financière.
Procédure civile approfondie.
Enregistrement.
Législation notariale.

FACULTÉ DES SCIENCES.

CHAIRES.

Calcul différentiel et intégral.
Mécanique rationnelle et appliquée.
Physique.

Chimie.
Géologie et minéralogie.
Botanique.
Zoologie.

COURS COMPLÉMENTAIRES.

Mathématiques.

Astronomie.

CONFÉRENCES.

Mathématiques.

Laboratoires.

Laboratoires de physique, de chimie, de géologie et minéralogie, de zoologie et botanique, d'anatomie.
Collections diverses.

FACULTÉ DES LETTRES.

CHAIRES.

Philosophie.
Histoire.
Littérature française.
Littératures étrangères.

Littérature et institutions grecques.
Littérature latine et institutions romaines.

CONFÉRENCES.

Histoire ancienne et antiquités grecques et latines.
Grammaire.

Langue et littérature françaises.
Anglais.

ÉCOLE PRÉPARATOIRE DE MÉDECINE ET DE PHARMACIE.

CHAIRES.

Anatomie.
Physiologie.
Pathologie interne.
Clinique interne.
Pathologie externe et médecine opératoire.
Clinique externe.

Accouchements, maladies des femmes et des enfants.
Pharmacie et matière médicale.
Chimie et toxicologie.
Hygiène et thérapeutique.
Histoire naturelle.

COURS COMPLÉMENTAIRES.

Physique.

SUPPLÉANTS.

Chaire d'histoire naturelle.
Chaires d'anatomie et de physiologie.
Chaires de pathologie et de clinique internes.
Chaires de pathologie et de clinique externes et d'accouchements.
Chaire de pharmacie et matière médicale.
Chaires de physique et de chimie.

Laboratoires.

Laboratoires de chimie, d'histologie, de physique.

Cliniques.

Cliniques interne, externe, obstétricale, des enfants.
Hôpital, 137 lits.

INSTRUMENTS DE TRAVAIL.

1° Bibliothèque universitaire.............. 23 284 volumes.
2° Bibliothèque municipale, très considérable, riche en manuscrits et en ouvrages rares. Importante surtout pour l'histoire, la philosophie, la théologie, et très fournie d'ouvrages relatifs à la région. Le droit ancien et son histoire y sont largement représentés.
3° Bibliothèque des archives, considérable dans sa spécialité.
4° Bibliothèque du grand séminaire.
Collections très importantes de minéralogie; collections zoologiques.
Musées de peinture, de sculpture, d'archéologie, d'arts industriels.
Service de la carte géologique de France (centre de renseignements pour la région des Alpes).
Jardin botanique.
Station agronomique.
Laboratoire pour l'analyse des produits industriels.
Service météorologique.

LIMOGES

ÉCOLE PRÉPARATOIRE DE MÉDECINE ET DE PHARMACIE.

CHAIRES.

Anatomie.
Physiologie.
Pathologie interne.
Clinique interne.
Pathologie externe et médecine opératoire.
Clinique externe.

Accouchements, maladies des femmes et des enfants.
Chimie et toxicologie.
Histoire naturelle.
Hygiène et thérapeutique.
Pharmacie et matière médicale.

COURS COMPLÉMENTAIRES.

Physique.

SUPPLÉANTS.

Chaires de chimie, pharmacie, matière médicale et histoire naturelle.
Chaires d'anatomie et de physiologie.

Chaires de pathologie et de clinique internes.
Chaires de pathologie et de clinique externes et accouchements.

Laboratoires.

Laboratoires d'histologie, chimie, physique, histologie végétale.

Cliniques.

Cliniques médicale, chirurgicale, obstétricale.
1 hôpital : 113 lits.

Bibliothèque municipale : polygraphie, belles-lettres, sciences et arts; manuscrits au Séminaire, à l'Hôtel-de-Ville et à la Bibliothèque.

LUC SUR MER (CALVADOS)

Laboratoire de zoologie marine rattaché à la Faculté des Sciences de Caen.

MARSEILLE

FACULTÉ DES SCIENCES.

CHAIRES.

Calcul différentiel et intégral.
Mécanique rationnelle et appliquée.
Physique.
Chimie.

Botanique.
Géologie et minéralogie.
Zoologie.
Astronomie.
Chimie industrielle.

COURS COMPLÉMENTAIRES.

Mathématiques.
Botanique.

Zoologie.

CONFÉRENCES.

Anatomie.

A la faculté est annexé le laboratoire de zoologie marine d'Endoume; ce laboratoire, situé près de la mer, a une superficie de 469 mètres carrés.

COURS DE DROIT.

Droit commercial.
Droit administratif.

Économie politique.

COURS DES LETTRES.

Grec moderne.
Histoire.
Littérature française.

Philosophie.
Littérature grecque.
Littérature latine.

ÉCOLE DE PLEIN EXERCICE DE MÉDECINE ET DE PHARMACIE.

CHAIRES.

Anatomie.
Physiologie.
Pathologie interne et pathologie générale.
Anatomie pathologique.
Hygiène et médecine légale.
Clinique médicale (2 chaires).
Pathologie externe et médecine opératoire.
Clinique chirurgicale (2 chaires).

Clinique obstétricale.
Histologie.
Thérapeutique.
Matière médicale.
Botanique et zoologie élémentaire.
Chimie médicale.
Pharmacie.
Physique médicale.

COURS COMPLÉMENTAIRE.

Bactériologie.

SUPPLÉANTS.

Histoire naturelle.
Anatomie et physiologie.
Pathologie et clinique médicales (2 suppléants).
Pathologie, clinique chirurgicale

et clinique obstétricale (2 suppléants).
Pharmacie et matière médicale.
Physique et chimie.

Cliniques.

Hôtel-Dieu (2 cliniques médicales, 2 cliniques chirurgicales).
Hôpital de la Conception (clinique obstétricale)........... } 200 lits.

Laboratoires.

Laboratoires de chimie, de physique, de physiologie, de bactériologie. Salles spéciales pour les travaux pratiques de chimie et d'histologie. Institut anatomique avec laboratoires, salles de dissection, salle d'autopsie.

OBSERVATOIRE ASTRONOMIQUE.

Cet observatoire est rattaché scientifiquement à la Faculté des sciences.

La ville donne une subvention annuelle de 15,000 francs.

Il a une superficie de 15,600 mètres carrés.

Il possède une bibliothèque, des laboratoires, un pavillon géodésique, des pavillons pour les études de magnétisme, une coupole pour le télescope Foucault, une autre pour l'équatorial, etc.

INSTRUMENTS DE TRAVAIL.

Bibliothèque universitaire.............. 10 500 volumes.
—   municipale (renommée par son fonds d'ouvrages relatifs à la Provence).............. 115 000 —
—   de l'École de médecine........ 7 000 —

Bibliothèques du Musée d'histoire naturelle, de l'Académie des sciences, belles-lettres et arts, de la Société de géographie, de la Société scientifique et industrielle, de la Société d'horticulture et de botanique.

Bibliothèque de la chambre du commerce (très importante au point de vue du commerce, de l'industrie et de la marine).

Bibliothèque des archives départementales, dont l'importance est grande en ouvrages et manuscrits concernant la Provence.

Bibliothèques de la station zoologique d'Endoume, et de l'Observatoire.

Musée des beaux-arts, Musée d'archéologie, Musée d'histoire naturelle, cabinet des médailles.

Jardin zoologique, jardin botanique.

Station agronomique.

Laboratoire zoologique d'Endoume.

MONT-VENTOUX

STATION MÉTÉOROLOGIQUE.

Elle est rattachée au bureau central à Paris, et est située à 1 900 mètres d'altitude.

MONTAUBAN

FACULTÉ DE THÉOLOGIE PROTESTANTE.

CHAIRES.

Dogme.

Morale évangélique.

Histoire ecclésiastique.

Exégèse et critique sacrée.

Hébreu.

Philosophie.

Grec et haute latinité.

COURS COMPLÉMENTAIRES.

Sciences naturelles.

BIBLIOTHÈQUES.

Bibliothèque universitaire.................... 25 000 volumes.

— municipale (40 manuscrits français,
11 manuscrits latins, et une précieuse collection
d'ouvrages rares pour l'histoire et la philologie)... 30 000 —

NANTES

ÉCOLE DE PLEIN EXERCICE DE MÉDECINE ET DE PHARMACIE.

CHAIRES.

Anatomie.

Physiologie.

Pathologie interne et pathologie générale.

Anatomie pathologique.

Hygiène et médecine légale.

Clinique médicale (2 chaires).

Pathologie externe et médecine opératoire.

Clinique chirurgicale (2 chaires).

Clinique obstétricale et gynécologie.

Thérapeutique.

Pharmacie.

Matière médicale.

Botanique et zoologie élémentaire.

Physique médicale.

Chimie médicale.

Clinique ophtalmologique.

SUPPLÉANTS.

Chaire de physique et de chimie.

Chaires d'anatomie et de physiologie.

Chaires de pathologie et de clinique internes.

Chaires de pathologie et de clinique chirurgicale et de clinique obstétricale.

Chaires de pharmacie et de matière médicale.

Chaire d'histoire naturelle.

Laboratoires.

Laboratoires de chimie, de chimie agronomique, de physiologie, d'anatomie, d'histologie.

Musée anatomique, collections zoologiques.

Cliniques.

Cliniques médicale, chirurgicale, obstétricale, ophtalmologique.

Hôpitaux, 192 lits.

ÉCOLE PRÉPARATOIRE A L'ENSEIGNEMENT SUPÉRIEUR
DES SCIENCES ET DES LETTRES.

CHAIRES.

Mathématiques.	Littérature.
Algèbre et mécanique.	Dessin.
Physique.	Histoire.
Chimie.	Géographie.
Histoire naturelle et zoologie.	Philosophie et morale.
Botanique.	

Laboratoires.

Laboratoires de physique, de chimie.

Bibliothèque : sciences religieuses philosophiques et sociales, sciences naturelles, exactes et occultes, belles-lettres, histoire.

STATION MÉTÉOROLOGIQUE A PETIT-PORT.

NICE

OBSERVATOIRE BISCHOFFSHEIM.

L'Observatoire de Nice, par le nombre et la variété des instruments, leur puissance et leur perfection, rivalise avec les plus grands établissements astronomiques. Il est construit sur le mont Gros, à 380 mètres d'altitude ; il couvre avec ses dépendances une superficie de 35 hectares.

L'Observatoire possède 14 pavillons ou corps de bâtiments, isolés les uns des autres, ayant chacun sa destination spéciale, savoir : le grand équatorial, la grande méridienne, la petite méridienne, le petit équatorial, le pavillon de spectroscopie, le pavillon de physique, le pavillon magnétique, la bibliothèque avec 5 000 volumes et 30 journaux ou recueils périodiques.

Parmi ces bâtiments, celui du grand équatorial est le plus important ; à lui seul il a coûté plus d'un million de francs. C'est une immense construction longue de 26 mètres, haute de 10, surmontée de la fameuse coupole d'Eiffel. Cette coupole qui est la plus grande des coupoles mobiles, d'un diamètre de 24 mètres, et d'un poids de 95 000 kilogs, repose sur un flotteur annulaire. Elle abrite une lunette longue de 18 mètres, et qui se meut à la main ou à l'aide d'un mouvement d'horlogerie. Elle est pourvue d'un objectif de 0,76 de diamètre.

La lunette du petit équatorial mesure 7 mètres de longueur et son objectif 0,38 de diamètre.

Tous les autres instruments sont des modèles de haute précision et de stabilité ; 26 personnes, dont 10 observateurs, assistants ou élèves, sont attachés à l'Observatoire.

PERPIGNAN

STATION MÉTÉOROLOGIQUE.

Rattachée au bureau central de Paris.

PIC DU MIDI

OBSERVATOIRE (voir page 85).

POITIERS

FACULTÉ DE DROIT.

CHAIRES.

Code civil (3 chaires).
Droit romain (2 chaires).
Procédure civile.

Droit commercial.
Droit administratif.
Droit criminel.

COURS ÉLÉMENTAIRES.

Économie politique.
Histoire générale du droit français public et privé.
Droit international privé.

Pandectes.
Histoire du droit.
Droit constitutionnel.

FACULTÉ DES SCIENCES.

CHAIRES.

Calcul différentiel et intégral.
Mécanique rationnelle et appliquée.
Physique.

Chimie.
Géologie et minéralogie.
Botanique et zoologie.

COURS COMPLÉMENTAIRES.

Astronomie.
Physique.

Botanique.

CONFÉRENCES.

Chimie.

Laboratoires.

Laboratoires de physique, de chimie, de zoologie, de botanique.
Collections d'histoire naturelle.

FACULTÉ DES LETTRES.

CHAIRES.

Philosophie.
Histoire.
Littérature française.
Littératures étrangères.

Littérature et institutions grecques.
Littérature latine et institutions romaines.

COURS COMPLÉMENTAIRES.

Philosophie.

CONFÉRENCES.

Grammaire.
Langues et littératures anciennes.

Langue et littérature françaises.

ÉCOLE PRÉPARATOIRE DE MÉDECINE ET DE PHARMACIE.

CHAIRES.

Pathologie externe et médecine opératoire.
Clinique externe.
Pathologie interne.
Clinique interne.
Accouchements, maladies des femmes et des enfants.

Hygiène et thérapeutique.
Chimie et toxicologie.
Pharmacie et matière médicale.
Histoire naturelle.
Anatomie.
Physiologie.

COURS COMPLÉMENTAIRE.

Physique.

SUPPLÉANTS.

Chaires d'anatomie et de physiologie.
Chaires de pathologie et de clinique internes.

Chaires de pathologie et de clinique externes et accouchements.
Chaires de chimie, pharmacie et histoire naturelle.

Travaux pratiques.

Travaux pratiques de chimie.

Cliniques.

Cliniques médicale, chirurgicale.
2 hôpitaux : 200 lits.

ÉCOLE DES BEAUX-ARTS.

INSTRUMENTS DE TRAVAIL.

Bibliothèque universitaire................ 23 400 volumes.
— municipale (collections anciennes, importantes en théolo-

gie, belles-lettres, histoire et particulièrement l'histoire de la région); 500 manuscrits, dont quelques-uns fort importants (manuscrits de Dom Fonteneau)............... 70 000 volumes.

Bibliothèque des antiquaires .... 8 000 —

Collections zoologiques et minéralogiques.
Jardin botanique.
Musée des beaux-arts et d'archéologie.

REIMS

ÉCOLE PRÉPARATOIRE DE MÉDECINE ET DE PHARMACIE.

CHAIRES.

Anatomie.
Physiologie.
Hygiène et thérapeutique.
Pharmacie et matière médicale.
Histoire naturelle médicale.
Pathologie interne.
Clinique interne.

Pathologie externe et médecine opératoire.
Clinique externe.
Clinique obstétricale et gynécologie.
Physique.
Chimie et toxicologie.

SUPPLÉANTS.

Anatomie et physiologie.
Pathologie et clinique internes.
Pathologie et clinique chirurgicale et obstétricale.

Physique et chimie.
Histoire naturelle.
Pharmacie et matière médicale

Bibliothèque municipale : belles-lettres, sciences philosophiques et sociales, jurisprudence; éditions rares. Incunables.

RENNES

FACULTÉ DE DROIT.

CHAIRES.

Droit civil (3 chaires).
Droit romain (2 chaires).
Procédure civile.
Droit commercial.

Droit administratif.
Droit criminel.
Économie politique.

COURS COMPLÉMENTAIRES.

Histoire générale du droit français public et privé.

Droit international privé.
Pandectes.

Histoire du droit.
Droit constitutionnel.

Saisies.
Droit commercial et industriel.

FACULTÉ DES SCIENCES.

CHAIRES.

Mathématiques pures.
Mathématiques appliquées.
Physique.
Chimie.

Géologie et minéralogie.
Zoologie.
Botanique.

COURS COMPLÉMENTAIRE.

Chimie agricole.

CONFÉRENCES.

Mathématiques.

Sciences naturelles.

Laboratoires.

Laboratoires de physique, de chimie, de zoologie, de géologie et minéralogie, de botanique.

FACULTÉ DES LETTRES.

CHAIRES.

Philosophie.
Histoire.
Littérature française.
Littératures étrangères.

Littérature et institutions grecques.
Littérature latine et institutions romaines.

COURS COMPLÉMENTAIRES.

Langue et littérature grecques.
Langue et littérature celtiques.

Langue et littérature anglaises.

CONFÉRENCES.

Littérature latine.
Histoire et géographie.

Langue et littérature françaises.

ÉCOLE PRÉPARATOIRE DE MÉDECINE ET DE PHARMACIE.

CHAIRES.

Anatomie.
Physiologie.
Hygiène et thérapeutique.
Pathologie interne.
Clinique interne.
Pathologie externe et médecine opératoire.

Clinique externe.
Clinique obstétricale et gynécologie.
Pharmacie et matière médicale.
Histoire naturelle.
Chimie et toxicologie.
Physique.

SUPPLÉANTS.

Chaire de pharmacie et matière médicale.

Chaires d'anatomie et de physiologie.

Chaires de pathologie et de clinique internes.

Chaires de pathologie et de clinique externes et de clinique obstétricale.

Chaires de physique et de chimie

Chaire d'histoire naturelle.

Laboratoires.

Laboratoires de physique, de pharmacie, d'histologie, de chimie de physiologie.

Cliniques.

Cliniques médicale, chirurgicale, obstétricale.
Hôtel-Dieu, 180 lits.

INSTRUMENTS DE TRAVAIL.

Bibliothèque universitaire............... 21 300 volumes.

— municipale, très riche en missels anciens, livres d'heures, et en ouvrages rares et précieux pour l'histoire de la Bretagne, manuscrits............ 60 000 —

Collections zoologiques et minéralogiques.

Musée géologique.

— d'archéologie, de céramique et d'ethnographie.

Station agronomique.

CONSERVATOIRE NATIONAL DE MUSIQUE ET DE DÉCLAMATION.

ÉCOLE RÉGIONALE DES BEAUX-ARTS.

ROSCOFF (FINISTÈRE)

Laboratoire de zoologie expérimentale et comparée rattaché à la Faculté des sciences de Paris.

ROUEN

ÉCOLE PRÉPARATOIRE DE MÉDECINE ET DE PHARMACIE.

CHAIRES.

Anatomie.

Physiologie.

Pathologie interne.

Clinique interne.

Pathologie externe et médecine opératoire.

Clinique externe.

Clinique obstétricale et gynécologie.

Hygiène et thérapeutique.

Pharmacie et matière médicale.

Chimie et toxicologie.

Histoire naturelle.

COURS COMPLÉMENTAIRES.

Physique.

Chirurgie d'armée.

Micrographie végétale.

Anatomie générale et embryogénie.

Chimie organique.

SUPPLÉANTS.

Chaire d'anatomie et de physiologie.

Chaire de pathologie et de clinique médicales.

Chaire de pathologie et de clinique chirurgicales et de clinique obstétricale.

Chaire de pharmacie et matière médicale.

Chaire d'histoire naturelle.

Cliniques.

Cliniques médicale, chirurgicale et obstétricale, clinique des maladies des enfants.

ÉCOLE PRÉPARATOIRE A L'ENSEIGNEMENT SUPÉRIEUR DES SCIENCES ET DES LETTRES.

CHAIRES.

Mathématiques (géométrie descriptive et applications).

Calcul différentiel et intégral.

Mécanique rationnelle (algèbre, trigonométrie, exercices).

Mécanique appliquée (moteurs).

Physique générale.

Chimie générale.

Chimie agricole et industrielle.

Littérature française.

Histoire générale et commerciale.

Géographie générale et commerciale.

Zoologie et botanique.

Géologie.

Dessin.

Droit commercial.

Économie politique.

COURS COMPLÉMENTAIRE.

Chimie.

Laboratoires.

Laboratoire de chimie appliquée.

Bibliothèque municipale : belles-lettres, sciences et arts, manuscrits relatifs à la Normandie.

SAINTE-MARIE DU MONT (MANCHE

OBSERVATOIRE MÉTÉOROLOGIQUE.

TOURS

ÉCOLE PRÉPARATOIRE DE MÉDECINE ET DE PHARMACIE.

CHAIRES.

Anatomie.
Physiologie.
Pathologie interne.
Clinique interne.
Pathologie externe et médecine opératoire.
Clinique externe.

Accouchements, maladies des femmes et des enfants.
Hygiène et thérapeutique.
Chimie et toxicologie.
Histoire naturelle.
Pharmacie et matière médicale.

COURS COMPLÉMENTAIRE.

Physique.

SUPPLÉANTS.

Chaires d'anatomie et de physiologie.
Chaires de pathologie et de clinique internes.

Chaires de pathologie et de clinique externes et d'accouchements.
Chaires de physique et de chimie.

Laboratoires.

Laboratoire de chimie.
Travaux pratiques.

Cliniques.

Cliniques médicale, chirurgicale.
1 hôpital : 163 lits.

Bibliothèque; catalogue descriptif et raisonné des manuscrits de la bibliothèque par Demange, 1877.

TAMARIS (PRÈS TOULON)

Laboratoire de zoologie marine rattaché à la Faculté de Lyon.

VILLEFRANCHE

Laboratoire de zoologie marine.

WIMEREUX

Laboratoire de zoologie marine.

INDEX DE L'ENSEIGNEMENT SUPÉRIEUR

Sciences mathématiques, physico-chimiques et naturelles.

FACULTÉS DES SCIENCES.

Lettres, philosophie, histoire et philologie.

FACULTÉS DES LETTRES.

Théologie.

FACULTÉS LIBRES DE THÉOLOGIE CATHOLIQUE.

ENSEIGNEMENT CATHOLIQUE.

Laboratoires de zoologie marine expérimentale et comparée et de biologie végétale.

Astronomie.

Météorologie.

DEUXIÈME PARTIE

CHAPITRE PREMIER

AGRICULTURE, SYLVICULTURE ET HIPPIATRIQUE

L'enseignement agricole en France comprend trois degrés : l'enseignement supérieur, représenté par l'Institut agronomique de Paris ; l'enseignement secondaire, par les Écoles nationales d'agriculture de Montpellier, Grignon et Grand-Jouan ; et l'enseignement primaire, par les Écoles pratiques d'agriculture et les fermes-écoles.

PARIS.

Institut national agronomique.

(Voir page 33.)

MONTPELLIER.

École nationale d'agriculture (viticulture).

(Voir page 77.)

GRIGNON (Seine-et-Oise).

École nationale d'agriculture.

A l'École de Grignon, on étudie spécialement la grande culture, les herbages, les cultures des céréales et des plantes industrielles, les spéculations animales et les industries agricoles et viticoles de la région septentrionale.

Le prix de l'internat est de 1200 francs par an et celui de l'externat de 200 francs.

Station agronomique.

GRAND-JOUAN (Loire-Inférieure)

École nationale d'agriculture.

Cette École étudie principalement la mise en valeur des terres incultes, la culture pastorale mixte, la culture par le colonage partiaire, les prairies naturelles, les spéculations animales, les cultures industrielles et fruitières et les industries agricoles de la France occidentale.

Le prix de l'internat est de 1000 francs par an et celui de l'externat de 200 francs.

LILLE.

École des hautes études agricoles.

(Voir page 62.)

Stations agronomiques.

Écoles pratiques d'agriculture.

Les Écoles pratiques s'adaptent aux conditions de l'agriculture dans chaque département, et sont destinées à recevoir les fils de petits propriétaires ou fermiers à leur sortie de l'école primaire.

Le personnel enseignant comprend : 1 professeur d'agriculture, de zootechnie, de génie rural et d'économie rurale; 2 maîtres chargés de l'enseignement des sciences mathématiques appliquées et de l'histoire naturelle; 1 vétérinaire professeur; 1 chef de pratique pour l'agriculture; 1 chef pour l'horticulture et l'arboriculture; 1 instructeur militaire.

Les conditions d'admission à ces diverses Écoles varient suivant les régions. Elles sont indiquées par le directeur. Le prix de la pension varie de 400 à 600 francs.

Aumale (Seine-Inférieure), Berthonval (Pas-de-Calais), Chesnoy (Loiret), Écully (Rhône), Fontenay-le-Comte (Vendée), Gennetinnes (Allier), Grand-Resto (Morbihan), La Brosse (Yonne), La Molière (Puy-de-Dôme), Merchines (Meuse), Neubourg (Eure), Paraclet (Somme),

Saint-Bon (Haute-Marne), Saint-Rémy (Haute-Saône), Turraux (Allier), Tomblaine (Meurthe-et-Moselle), Troix-Croix (Ille-et-Vilaine).

Irrigation et drainage : Avignon (Vaucluse), Lezardeau (Finistère).

Viticulture : Beaune (Côte-d'Or), Rouïba (Algérie), Valabre (Bouches-du-Rhône).

Laiterie : Coigny (Manche), Mamirolle (Doubs), Petré (Vendée), Saulxures-sur-Moselotte (Vosges).

Fermes-écoles. — Les fermes-écoles sont des exploitations rurales conduites avec profit et dans lesquelles des apprentis reçoivent, en même temps qu'une rémunération de leur travail, un enseignement agricole essentiellement pratique. Il en existe à : Besphas (Aude), Beaufroy (Vosges), Castelnau-les-Nauzes (Haute-Garonne), Chazeirolettes (Lozère), Chavaignac (Haute-Vienne), Launoy (Cher), Les Plaines (Corrèze), La Roche (Doubs), La Hourre (Gers), Le Montat (Lot), la Pilletière (Sarthe), Machorre (Gironde), Mont-Louis (Vienne), Nolhac (Haute-Loire), Puilboreau (Charente-Inférieure), Royat (Ariège), Saint-Michel (Nièvre), Saint-Gautier (Orne).

RAMBOUILLET.

École de bergers.

Il existe à Rambouillet une école de bergers qui reçoit les jeunes gens âgés de quinze ans, justifiant d'une instruction primaire, pour les initier à la conduite et à la bonne tenue des troupeaux.

La durée de l'apprentissage est de deux ans, le régime de l'école est l'internat. La nourriture et l'enseignement sont gratuits. Ceux qui en sont dignes reçoivent à leur sortie un certificat d'aptitude et une prime.

MOUDJEBEUR.

École de bergers.

Une autre école de bergers a été créée à Moudjebeur (Algérie), dans le but de former des bergers expérimentés pour l'Algérie. L'enseignement y est gratuit et essentiellement pratique, la durée de l'apprentissage est de trois ans.

Il faut avoir quatorze ans d'âge pour être élève berger.

Les jeunes gens ayant pour objectif l'exploitation pour leur propre compte, ou l'administration à titre de régisseurs de domaines ou de grandes bergeries, doivent avoir seize ans au moins et payer une pension de 600 francs par an.

VERSAILLES.

École d'horticulture.

Une école d'horticulture est établie au potager de Versailles; elle a pour but de former des jardiniers capables et instruits, possédant toutes les connaissances théoriques et pratiques relatives à l'art horticole.

Cette école ne reçoit que des élèves externes.

L'enseignement y est gratuit.

La durée des études est de trois ans.

Les candidats doivent être âgés de seize ans au moins et de vingt-six ans au plus.

L'examen d'admission porte sur les matières suivantes :

Épreuves écrites : Dictée d'orthographe servant en même temps d'épreuve d'écriture.

Questions d'arithmétique.

Une rédaction d'un genre simple.

Épreuves orales : Analyse d'une phrase.

Éléments d'histoire et de géographie de la France.

Question d'application pratique sur le calcul et le système métrique.

Les élèves qui ont satisfait aux examens de sortie reçoivent un certificat d'études.

Six bourses d'une valeur de 1000 francs sont accordées chaque année.

NANCY.

École forestière.

(Voir page 81.)

LES BARRES (Loiret).

École secondaire forestière.

L'École des Barres est une école secondaire d'enseignement professionnel.

On y entre par voie de concours. Les candidats doivent avoir moins de trente-cinq ans, et quatre ans de service actif. Les examens portent sur l'arithmétique, la géométrie élémentaire, l'histoire, la géographie, l'instruction pratique. L'enseignement a pour but de développer les connaissances générales, et de donner une instruction forestière à la fois théorique et pratique. La durée des cours est de deux ans. L'École est à celle de Nancy ce que Saint-Maixent est à Saint-Cyr.

École pratique de sylviculture.

Il existe également aux Barres une école pratique de sylviculture qui représente l'enseignement primaire.

Internat, 600 francs; demi-pension, 300 francs; durée des cours, deux ans. Les élèves sont admis de dix-sept à trente-cinq ans.

Les élèves qui ont satisfait aux examens de sortie sont propres à devenir gardes-forestiers domaniaux, régisseurs agricoles et forestiers.

Programme d'admission : dictée, histoire de France, géographie de la France, arithmétique, géométrie élémentaire.

LE PIN.

École des haras.

Cette École est située au village du Pin, dans l'arrondissement d'Argentan (Orne). La durée des études est d'une année.

Pour être admis comme interne à l'École des haras, les candidats doivent être Français et produire un diplôme constatant qu'ils ont satisfait aux examens de sortie de l'Institut agronomique, ou d'une école vétérinaire du gouvernement.

Ils doivent être âgés de dix-neuf ans au moins et de vingt-cinq ans au plus.

Sont seuls admissibles aux emplois d'officier des haras, les élèves internes qui obtiennent un diplôme attestant qu'ils ont satisfait aux examens de sortie de l'École.

Les candidats admis prennent en entrant à l'École le titre d'aspirant stagiaire des haras, ils jouissent pendant leur séjour à l'École d'une indemnité annuelle de 1,500 francs; ils sont en outre logés gratuitement, mais ils ont à pourvoir à leur nourriture et à leur entretien.

Les aspirants stagiaires des haras qui, à leur sortie de l'école, ont obtenu un diplôme, sont nommés surveillants stagiaires au traitement annuel de 1600 francs.

L'École des haras reçoit également des élèves externes.

Pour être admis comme externe, il faut être Français et âgé de dix-huit ans au moins et de vingt-cinq ans au plus; chaque élève doit payer 600 francs pour la rétribution scolaire de l'année.

Le nombre des élèves externes ne peut dépasser douze.

Les élèves qui ont subi avec succès les examens de fin d'année reçoivent un certificat d'études.

Les étrangers peuvent être admis par décision ministérielle; ils sont astreints à la rétribution scolaire de 600 francs et reçoivent un certificat d'études s'ils en sont jugés dignes.

Écoles vétérinaires.

CHAPITRE II

COMMERCE

PARIS.

BORDEAUX.

École supérieure de commerce.

(Voir page 56.)

LYON.

École supérieure de commerce et de tissage.

(Voir page 69.)

LE HAVRE.

École supérieure de commerce.

21, *rue Ancelot.*

L'École supérieure de commerce du Havre se propose de contribuer à former des négociants, des administrateurs et des employés capables non seulement de bien diriger notre commerce intérieur, mais encore de développer les relations de la France avec les pays étrangers.

La durée des études est de deux ans.

L'École est un externat.

On n'est pas reçu à l'École avant l'âge de quinze ans.

Le prix des cours est de 600 francs par an.

PROGRAMME DES COURS.

Bureau commercial.	Armements maritimes.
Marchandises et matières premières.	Histoire du commerce.
Géographie commerciale.	Langue anglaise.
Législation commerciale.	Langue allemande.
Économie politique.	Langue espagnole.
	Calligraphie.

MARSEILLE.

École supérieure de commerce.

9 a, rue Sainte-Victoire.

L'École supérieure de commerce de Marseille a pour but de former des employés, des négociants, des administrateurs capables, non seulement de bien diriger notre commerce intérieur, mais encore de développer les relations commerciales de la France avec les pays étrangers.

Aucun élève n'est admis s'il n'a au moins quatorze ans révolus.

La durée totale des études est de trois ans.

RÉTRIBUTION DES COURS.

EXTERNAT.

400 francs pour la première année.

600 francs pour la deuxième année.

600 francs pour la troisième année.

INTERNAT.

1,800 francs pour la première année.

1,900 francs pour la deuxième et la troisième année.

DEMI-PENSIONNAIRES.

Élèves déjeunant à l'école.

800 francs pour la première année.

1,000 francs pour la deuxième et la troisième année.

Diverses bourses sont accordées à la suite d'un concours.

PROGRAMME DES COURS.

Sciences commerciales.	Arithmétique générale.
Géographie commerciale.	Sciences mathématiques et naturelles.
Marchandises.	
Français.	Chimie et physique.
Législation.	Cosmographie.
Économie politique.	Géographie générale.
Armements maritimes.	Français.

Écriture.
Anglais.
Allemand.
Arabe.

Grec moderne.
Espagnol.
Italien.

ROUEN.

École primaire supérieure et professionnelle.

L'École a pour but de former, par un apprentissage raisonné et un enseignement rationnel, des praticiens habiles, des contremaîtres et des directeurs pour les diverses industries.

Elle forme des comptables, des employés, des chimistes, des mécaniciens, des dessinateurs. Elle prépare au commerce.

Les ponts et chaussées, les chemins de fer, les postes et télégraphes, le service vicinal, les écoles d'arts et métiers, d'industrie et de commerce y trouvent des jeunes gens bien préparés.

Pour être admis à l'École il faut être âgé de douze ans environ, avoir le certificat d'études primaires.

L'enseignement entièrement gratuit est à la fois théorique et pratique.

L'établissement compte des pensionnaires, demi-pensionnaires et externes.

Le prix annuel de la pension est de 650 francs.

Le prix annuel de la demi-pension est de 350 francs.

PROGRAMME DES COURS.

La morale avec notions de droit et d'économie.
La langue française.
L'écriture.
L'histoire générale.
La géographie générale.
La langue anglaise.
La langue allemande.
Les mathématiques.

La comptabilité et la tenue des livres.
La physique.
La chimie.
L'histoire naturelle et l'hygiène.
Le dessin.
La musique vocale.
La gymnastique.

Le travail d'atelier sur fer ou sur bois, comprenant : l'assemblage, le modelage, l'ajustage, le tour, la construction, la forge et la conduite d'une machine à vapeur.

Section technique industrielle et commerciale.

L'enseignement comprend deux langues vivantes, la comptabilité, la calligraphie, un cours de marchandises, la mécanique appliquée, la teinture, la physique industrielle, la filature et le tissage.

Les travaux pratiques comprennent des manipulations au laboratoire des exercices de tissage sur les métiers.

Pour être admis à ces cours les élèves doivent subir un examen d'entrée.

L'enseignement qui dure deux ans est gratuit la première année et exige une redevance de 300 francs par élève pour la deuxième année.

Les élèves, qui ont subi avec succès l'examen de sortie, peuvent obtenir un diplôme de fin d'études délivré par le ministre du commerce.

École commerciale à Grenoble.

Section commerciale de l'école professionnelle de Reims, à Reims.

CHAPITRE III

GÉNIE CIVIL — ART DE L'INGÉNIEUR — INDUSTRIE

I

PARIS.

LILLE.

LYON.

AIX, ANGERS, CHALONS.

Écoles nationales d'arts et métiers.

Les Écoles nationales d'arts et métiers ont pour objet de former des ouvriers capables de devenir des chefs d'atelier et des industriels versés dans la pratique des arts mécaniques.

La durée des études est de trois ans.

L'enseignement est théorique et pratique.

Des brevets sont délivrés par le ministre du commerce aux élèves de troisième année, ayant, à la suite des examens généraux de sortie, satisfait d'une manière complète à toutes les épreuves.

Ces brevets confèrent à ceux qui les obtiennent le titre d'élève breveté des Écoles nationales d'arts et métiers.

Le prix de la pension est de 600 francs par an.

Le prix du trousseau est fixé à 300 francs.

Une somme de 75 francs est versée en outre à l'entrée de chaque élève pour sa masse d'entretien.

Les Écoles nationales d'arts et métiers reçoivent des élèves internes et externes.

L'admission n'a lieu que par voie de concours.

Nul ne peut être admis au concours s'il n'est Français.

Les connaissances exigées pour l'admission sont :

L'écriture, la grammaire française et l'orthographe, l'arithmétique théorique et pratique, la géométrie élémentaire, l'algèbre jusqu'aux équations du second degré, des notions d'histoire de France et de géographie.

L'enseignement théorique, toujours dirigé dans le sens des applications, comprend :

1° L'algèbre jusqu'au binôme de Newton et ses applications inclusivement, et des notions élémentaires sur les dérivés ;

2° La trigonométrie rectiligne, des notions élémentaires de cosmographie, l'arpentage et le nivellement ;

3° Des notions élémentaires de géométrie analytique ;

4° La géométrie descriptive, les ombres, les plans cotés, ainsi que des notions de perspective usuelle, de coupe de pierre et de charpente ;

5° La cinématique théorique et appliquée ;

6° La mécanique pure et appliquée, comprenant la dynamique, la statique, les résistances passives, la résistance des matériaux, l'hydraulique et les machines à vapeur ;

7° La physique et ses applications industrielles :

8° La chimie et ses principales applications industrielles et notamment à la métallurgie ;

9° Le dessin et principalement le dessin industriel ;

10° La technologie étudiée tout spécialement dans ses applications à la construction des machines :

11° L'étude de la langue française ;

12° L'histoire ;

13° La géographie ;

14° La comptabilité industrielle et des notions d'économie industrielle ;

15° L'hygiène industrielle .

L'enseignement pratique se donne dans les ateliers spéciaux, savoir :

Menuiserie et modèles :

Fonderie ;

Forges et chaudronnerie ;

Ajustage.

SAINT-ÉTIENNE (Loire).

École des mines.

L'École des mines de Saint-Étienne est destinée à former des directeurs d'exploitation de mines et d'usines métallurgiques, ainsi que des gardes-mines.

L'enseignement est gratuit.

Les cours de l'École durent trois années.

L'admission à l'École des mines de Saint-Étienne est prononcée à la suite d'un concours ouvert chaque année à Saint-Étienne le 1er août.

Tout candidat doit être Français et être âgé de seize ans au moins et de vingt-cinq ans au plus. Les marins libérés du service peuvent toutefois concourir jusqu'à l'âge de vingt-huit ans.

PROGRAMME DES CONNAISSANCES EXIGÉES.

Arithmétique.
Algèbre.
Géométrie.
Trigonométrie.
Géométrie analytique.
Géométrie descriptive.
Physique.

Chimie.
Langue française.
Éléments du dessin linéaire, du dessin d'imitation, du lavis et exécution des épures du programme de géométrie descriptive.

ALAIS.

École des ouvriers mineurs.

Les candidats doivent justifier qu'ils sont Français et ont dix-huit ans accomplis.

Les connaissances exigées pour l'admission sont :

La lecture, une écriture lisible et courante, une orthographe à peu près correcte, la pratique de la numération écrite et parlée, les quatre premières règles de l'arithmétique, les notions du système métrique et des poids et mesures.

Les étrangers peuvent être admis à l'École.

Matières enseignées :

Arithmétique, géométrie, géométrie descriptive, trigonométrie, mécanique, levé de plans, dessin, physique, chimie, minéralogie, géologie, exploitation des mines, langue française.

DOUAI (Nord).

École des ouvriers mineurs.

Même programme que précédemment.

II

ENSEIGNEMENT PROFESSIONNEL

PARIS.

École d'horlogerie.

L'École délivre des certificats d'études et forme des ouvriers habiles.

Les candidats doivent avoir une instruction qui corresponde aux programmes des écoles primaires.

Les externes payent 300 francs par an; les internes 85 francs par mois. Les cours durent quatre ans.

Les élèves ne sont admis qu'à partir de treize ans révolus.

BESANÇON.

École municipale d'horlogerie.

L'École délivre des diplômes de mérite, des certificats de capacité, des certificats de présence, et forme des ouvriers habiles, des contre-maîtres et des chefs d'ateliers de fabrication.

Le programme d'admission comprend : l'écriture, la grammaire française, l'orthographe, l'arithmétique, l'histoire de France, la géographie de la France.

Les candidats doivent avoir le certificat d'études primaires.

Le régime est celui de l'externat qui coûte 200 francs par an. L'âge d'admissibilité est de treize ans au minimum.

CLUSES.

École d'horlogerie.

Elle a pour but de former des ouvriers pour les diverses parties de la fabrication de la montre, de procurer l'instruction nécessaire à ceux qui se destinent à devenir rhabilleurs, visiteurs ou fabricants d'horlogerie.

L'enseignement est gratuit.

Il est à la fois théorique et pratique.

La durée en est de deux ans.

Les candidats doivent faire preuve d'une instruction élémentaire comprenant : la lecture, l'écriture, l'orthographe et les quatre règles d'arithmétique.

Le régime de l'École est l'externat.

9

THONES (Haute-Savoie).

École d'horlogerie.

(Fabrique de fournitures d'horlogerie).

L'École forme des ouvriers habiles dans la fabrique de certaines pièces détachées de la montre.

Le régime est l'externat, il est gratuit; l'apprentissage dure deux ans. L'âge d'admissibilité est de quatorze à quinze ans.

ANET (Eure-et-Loir).

École d'horlogerie.

Les candidats doivent posséder le certificat d'études primaires; le régime de l'école est l'internat.

Le prix de la pension est de 850 francs.

La durée des cours est de trois ans et demi.

L'école délivre un diplôme, et forme des ouvriers instruits et habiles dans les diverses parties de l'horlogerie.

NANTES.

École d'horlogerie.

Pension 600 à 800 francs, demi-pension 300 à 400 francs, externes 190 à 150 francs.

Durée des cours, quatre ans.

PARIS.

École spéciale municipale d'application des beaux-arts à l'industrie.

19, rue des Petits-Hôtels, Paris.

L'École a pour but de former des artistes habiles dans les industries de la céramique, de la verrerie, des émaux, de la sculpture sur bois, du marbre, de l'ivoire, des métaux, du dessin des étoffes et de la peinture décorative.

Les élèves sont admis aux cours du jour à partir de quatorze ans, et aux cours du soir à partir de quinze ans.

Le programme d'admission comprend : la lecture, la dictée, l'arithmétique, la géométrie pratique, le dessin d'un objet en relief géométralement et perspectivement.

Les candidats doivent avoir le certificat d'études primaires et subir un examen sur la géométrie.

École professionnelle des industries du livre.

Rue Vauquelin.

L'École forme des ouvriers habiles et instruits.

Les candidats doivent avoir le certificat d'études primaires.

Le programme d'admission comprend : la dictée, l'arithmétique, le dessin d'après la bosse (ornement).

École professionnelle municipale d'ameublement.

25, rue de Reuilly.

L'École forme des ouvriers habiles et instruits, et délivre un certificat d'études professionnelles.

Le candidat doit avoir le certificat d'études primaires.

Le programme d'admission comprend : une composition française et le dessin d'ornement d'après le relief.

L'externat est gratuit.

Concours. Limite d'âge minimum, treize à seize ans.

École municipale professionnelle ménagère.

Rue Fondary.

Enseignement gratuit.

COURS PROFESSIONNELS.

Couturières.	Repasseuses.
Lingères.	Fleuristes.
Brodeuses.	Modistes.
Corsetières.	Giletières.

COURS GÉNÉRAUX.

Enseignement primaire.	Économie domestique.
Notions de comptabilité.	Coupe et assemblage.
Dessin.	Gymnastique.

Écoles municipales, professionnelles et ménagères.

Rue Ganneron, rue Bossuet, rue Bouret, rue de Poitou.

REIMS.

École professionnelle.

L'École délivre des certificats de fin d'études, pour les connaissances agricoles, industrielles et commerciales.

.; Le programme d'admission ne comprend que les matières de l'enseignement primaire.

Les candidats doivent posséder le certificat d'études primaires ou être admissibles aux écoles d'arts et métiers. Pension 750 francs, demi-pension 400 francs, externat gratuit.

L'âge d'admissibilité est de douze ans au moins.

ARMENTIÈRES (Nord).

École nationale mixte d'enseignement primaire supérieur et d'enseignement professionnel.

Les écoles nationales mixtes d'enseignement primaire supérieur et d'enseignement professionnel répondent au besoin de créer, dans les centres industriels, des écoles professionnelles spéciales pour chaque branche d'industrie, pouvant remplacer ce qu'était pour les jeunes gens l'apprentissage d'autrefois.

VOIRON (Isère).

École nationale mixte d'enseignement primaire supérieur et d'enseignement professionnel.

VIERZON (Cher).

École nationale mixte d'enseignement primaire supérieur et d'enseignement professionnel.

NANTES.

École professionnelle de Livet.

Cette École donne un enseignement professionnel et technique (ajustage, fonderie, menuiserie, forge, modelage, laboratoire de chimie, horlogerie).

Les cours durent quatre ans, les candidats sont admis à partir de douze ans, et entrent sans examens. L'École prépare aux écoles spéciales, aux administrations publiques et privées et forme des ouvriers horlogers instruits pour la marine de l'État.

Pension de 600 à 800 francs, demi-pension de 300 à 400 francs, externat de 100 à 150 francs.

VOLVIC (Puy-de-Dome).

École d'architecture et de construction.

Un musée est attaché à l'École.

PARIS.

École municipale d'apprentis.

L'École Diderot (métaux et bois) délivre des certificats d'apprentissage et forme des ouvriers habiles et instruits.

Le programme d'admission comprend une dictée, l'arithmétique et le système métrique, le dessin (un croquis à main levée). Le régime est l'externat; cet externat est gratuit. La durée des cours est de trois ans.

Écoles manuelles d'apprentissage.

Les écoles manuelles d'apprentissage ont pour but de développer les aptitudes professionnelles et de compléter à un point de vue spécial l'enseignement de l'école primaire élémentaire.

La durée des études est de trois ans au minimum.

Le candidat doit justifier de la possession du certificat d'études primaires élémentaires, il ne peut se présenter qu'à l'âge de seize ans révolus.

Ces écoles assurent un complément d'instruction primaire, une instruction professionnelle, préparant soit à l'industrie soit au commerce.

DELLYS (Algérie).

École d'apprentissage.

Cette École a pour but de former des ouvriers exercés et habiles pour les principaux métiers qui emploient le bois et le fer.

L'enseignement est théorique et pratique.

Nul n'est admis s'il n'est Français, fils de naturalisé français, ou d'indigène né en Algérie.

CHAPITRE IV

PÉDAGOGIE

École normale supérieure.

(Voir page 13.)

Écoles normales secondaires.

Ces Écoles, établies au lycée du chef-lieu de chaque académie, sont formées par la réunion des maîtres répétiteurs auxiliaires, qui sont logés et nourris au lycée. Elles ont pour but de faciliter l'accès du professorat aux maîtres répétiteurs et d'assurer des professeurs instruits pour les classes de grammaire des lycées et les diverses classes des collèges.

Les maîtres auxiliaires font à l'intérieur du lycée un service actif d'environ deux heures par jour. Ils peuvent être délégués temporairement dans les lycées ou collèges de l'Académie; ils suivent des conférences préparatoires à la licence, faites par les professeurs des facultés. Ils peuvent par exception être dispensés de ces conférences pour suivre quelques-uns des cours du lycée.

Les candidats doivent être âgés de dix-huit ans, être pourvus du diplôme de bachelier ès lettres ou ès sciences, contracter l'engagement de se vouer pendant dix ans à l'enseignement public.

CLUNY (Saone-et-Loire) (1)

École normale spéciale.

Cette École qui est établie à Cluny (Saône-et-Loire) est destinée à former des professeurs pour l'enseignement secondaire spécial (ordre des sciences), des professeurs pour l'enseignement secondaire spécial (ordre des lettres) et des professeurs de langues vivantes.

Elle ne reçoit que des boursiers de l'État.

Le cours d'études est de deux ans. Les élèves de la section des lettres et de la section des sciences, pourvus du certificat d'aptitude, peuvent être autorisés à passer une troisième année à l'École pour s'y préparer à l'agrégation de l'enseignement secondaire spécial (section des sciences mathématiques, section des sciences physiques, section littéraire et économique). Les élèves, pourvus du certificat d'aptitude à l'enseigne-

(1) Il est question de supprimer cette école.

ment des langues vivantes, peuvent être envoyés comme boursiers de l'École pendant un an en Angleterre ou en Allemagne.

Les élèves sont dès leur entrée divisés en trois sections : celle des lettres, préparatoire au certificat d'aptitude à l'enseignement secondaire spécial; celle des sciences, préparatoire au certificat d'aptitude à l'enseignement secondaire spécial; et celle des langues vivantes, préparatoire au certificat d'aptitude à l'enseignement des langues vivantes, anglaise et allemande.

Un concours pour l'admission aux diverses sections de l'École est ouvert chaque année.

Pour prendre part aux épreuves du concours, les candidats de la section des sciences doivent justifier, soit du diplôme de bachelier de l'enseignement spécial, soit du diplôme de bachelier ès sciences, soit du brevet supérieur de l'enseignement primaire. Les candidats de la section des lettres et des langues vivantes doivent être pourvus, soit du diplôme de bachelier de l'enseignement secondaire spécial, soit du diplôme de bachelier ès lettres, soit du brevet supérieur de l'enseignement primaire.

Les candidats doivent avoir dix-huit ans au moins et vingt-cinq ans au plus.

L'examen comprend des épreuves écrites.

Dans la section des sciences : 1° une composition d'arithmétique et d'algèbre; 2° une composition sur la physique et la chimie; 3° une composition de géométrie.

Les épreuves orales consistent en interrogations sur l'arithmétique, l'algèbre, la géométrie, la physique et la chimie.

Dans la section des lettres, les épreuves écrites comprennent : 1° une composition sur un sujet de langue et de littérature françaises; 2° une composition sur un sujet d'histoire moderne et sur un sujet de géographie; 3° une composition sur un sujet de morale.

Les épreuves orales consistent en interrogations sur la langue et la littérature françaises, l'histoire de France, la géographie de l'Europe, la morale, la lecture et l'explication d'un texte français.

Ceux des candidats de la section des lettres qui veulent entrer dans la section des langues vivantes doivent le déclarer en s'inscrivant; aux épreuves écrites s'ajoutent pour eux une version et un thème, soit anglais, soit allemands.

MATIÈRES ENSEIGNÉES.

Mathématiques pures.
Mathématiques appliquées.
Mécanique.
Physique.
Chimie.
Histoire naturelle.
Littérature.
Histoire et géographie.

Législation et économie politique.
Langue anglaise.
Langue allemande.
Dessin d'imitation.
Dessin graphique.
Gymnastique.

Ateliers de tour, menuiserie, ajustage. Collections.

SÈVRES.

École normale secondaire.

L'École normale secondaire des jeunes filles, destinée à former des professeurs femmes pour les lycées et collèges de jeunes filles, se recrute par voie de concours annuels et comprend deux sections : la section littéraire et la section scientifique.

La durée des études est de trois ans.

Le régime de l'école est l'internat. Toutes les dépenses sont supportées par l'État à l'exception de la fourniture ou de l'entretien du trousseau.

Les aspirantes doivent être âgées de vingt-quatre ans au plus et de dix-huit ans au moins et justifier, soit du diplôme de fin d'études secondaires des jeunes filles, soit d'un diplôme de bachelier, soit du brevet supérieur de l'enseignement primaire.

L'examen se compose d'épreuves écrites et d'épreuves orales.

Les épreuves écrites comprennent :

Pour la section des lettres : une composition sur la langue et la littérature française, sur l'histoire et la géographie, sur les éléments de la morale, sur les langues vivantes (allemand ou anglais, thème et version). Pour la section des sciences : une composition sur l'arithmétique et la géométrie, sur la physique et la chimie, sur l'histoire naturelle, sur un sujet de littérature ou de morale, sur les langues vivantes, allemand, anglais (thème et version).

L'examen oral porte sur les mêmes matières que les épreuves écrites et sur la diction.

Il est tenu compte aux aspirantes des connaissances spéciales dont elles font preuve dans la langue latine et dans une seconde langue vivante.

Les élèves définitivement admises doivent prendre l'engagement de se vouer pendant dix ans à l'enseignement public.

MATIÈRES ENSEIGNÉES.

Mathématiques.	Littérature française.
Physique.	Littérature du moyen âge.
Chimie.	Langue française.
Sciences naturelles.	Lecture et diction.
Botanique.	Anglais.
Philosophie.	Allemand.
Histoire.	Dessin.
Géographie.	Couture et coupe.

SAINT-CLOUD.

École normale primaire supérieure (INSTITUTEURS).

Il existe deux Écoles normales supérieures de l'enseignement primaire, destinées à former des professeurs d'Écoles normales et d'Écoles primaires supérieures de filles et de garçons.

L'École normale supérieure des instituteurs est établie à Saint-Cloud (Seine-et-Oise).

L'École normale supérieure des institutrices est installée à Fontenay-aux-Roses (Seine).

A chacun de ces établissements est annexée une École normale primaire d'application.

Ces Écoles sont gratuites, elles recrutent leurs élèves aux concours, elles peuvent recevoir des internes et des externes.

Les élèves sont répartis en deux sections, la section des sciences et la section des lettres.

Un concours d'admission aux écoles normales supérieures d'instituteurs et d'institutrices est ouvert chaque année.

Pour être admis à concourir les candidats doivent avoir dix-neuf ans au moins et vingt-cinq ans au plus ; toutefois des dispenses d'âge peuvent être accordées. Il faut être pourvu du brevet supérieur ou de l'un des baccalauréats ou, pour les aspirantes, du diplôme de fin d'études de l'enseignement secondaire des jeunes filles, et avoir contracté ou contracter l'engagement de servir pendant dix ans dans l'enseignement public.

L'examen d'admission comprend des épreuves écrites qui sont éliminatoires, des épreuves orales et une épreuve pratique.

Les épreuves écrites comprennent pour les candidats de la section des lettres : 1° une composition sur un sujet de littérature ou de grammaire ; 2° une composition sur un sujet de pédagogie ou de morale ; 3° une composition sur un sujet d'histoire et un sujet de géographie ; 4° une composition de langues vivantes (version et thème allemands ou anglais).

Pour les candidats de la section des sciences : 1° une composition sur un sujet de mathématiques ; 2° une composition sur un sujet de physique ou de mathématiques ; 3° une composition de dessin géométrique et d'ornement ; 4° une composition de langue vivante (version et thème allemands ou anglais) ; 5° une composition sur un sujet de pédagogie ou de morale.

Les épreuves orales consistent pour les candidats de la section des lettres : 1° en un exposé sur une question de grammaire ou de littérature, ou d'histoire, ou de géographie ; 2° dans la lecture expliquée d'un passage pris dans les auteurs du brevet supérieur ; 3° dans l'explication d'un texte anglais ou allemand. Pour les candidats de l'ordre des sciences : 1° en un exposé sur une question de mathématiques ; 2° en un exposé sur une question de physique, ou de chimie, ou d'histoire naturelle ; 3° dans l'explication d'un texte anglais ou allemand.

L'épreuve pratique consiste : pour les aspirantes, en une épreuve de travail à l'aiguille ; pour les aspirants de l'ordre des sciences, dans l'exécution d'un modelage ou d'un travail sur le fer ou sur le bois.

Dans les deux Écoles normales supérieures de Saint-Cloud et de Fontenay-aux-Roses, la durée des études est de trois années.

Les aspirantes aux fonctions de directrice suivent un cours spécial de législation et d'administration scolaire.

Les élèves des Écoles normales primaires supérieures sont tenus de se présenter, à la fin du cours d'études, à l'examen en vue duquel ils ont suivi les cours de ces Écoles.

MATIÈRES ENSEIGNÉES.

Psychologie et morale.
Composition française et lecture expliquée des auteurs classiques.
Histoire de la littérature ancienne.
Histoire de la littérature française.
Histoire ancienne.
Histoire moderne.
Histoire contemporaine.
Géographie.
Grammaire.
Allemand.
Anglais.

Mathématiques.
Physique.
Chimie.
Sciences naturelles.
Dessin géométrique.
Dessin artistique.
Modelage.
Chant.
Travail manuel.
Topographie.
Botanique.
Géologie.
Économie politique.

FONTENAY-AUX-ROSES.

École normale primaire supérieure (INSTITUTRICES) (1).

COURS.

Psychologie appliquée à la pédagogie. Morale appliquée à l'éducation.
Grammaire et histoire de la langue.
Composition française, lecture expliquée des classiques et histoire de la littérature.
Littérature française au XVIIIe et au XIXe siècle.
Histoire ancienne.
Histoire de France et histoire générale jusqu'à la fin du XVIIIe siècle.

Arithmétique et géométrie élémentaire.
Physique et chimie.
Histoire naturelle.
Géographie.
Hygiène.
Langue et littérature anglaises.
Langue et littérature allemandes.
Musique.
Gymnastique.
Leçon de coupe et d'assemblage.
Diction.

CONFÉRENCES.

Psychologie et morale appliquées à la pédagogie (M. Gréard).
Histoire et critique des doctrines et des méthodes pédagogiques (M. Buisson).
Grammaire et histoire de la langue (M. Bréal).
Histoire ancienne (M. Fustel de Coulanges).
Histoire des XVIIIe et XIXe siècles (M. Alf. Rambaud).
Physique et chimie (M. Bouton).
Géographie, notions et exercices de cartographie (M. Levasseur).
Notions d'économie politique (M. F. Passy).

(1) Voir pour les conditions d'admission l'article précédent.

Histoire des arts du dessin, visite des musées (M. Ravaisson).
Chant (M. Bourgault-Ducoudray).
Coupe et assemblage.

Écoles normales primaires d'instituteurs et d'institutrices.

Ces Écoles sont destinées à former des instituteurs ou des institutrices pour les écoles publiques (écoles maternelles, écoles primaires élémentaires et écoles primaires supérieures).

Il est ouvert à la fin de chaque année scolaire, dans tous les départements de France et d'Algérie, un concours d'admission aux Écoles normales primaires.

Tout candidat à l'École doit avoir seize ans au moins et dix-huit ans au plus le 1ᵉʳ octobre de l'année durant laquelle il se présente.

Être pourvu du brevet élémentaire.

S'être engagé à servir pendant dix ans dans l'enseignement public.

N'être atteint d'aucune infirmité ou maladie le rendant impropre au service de l'enseignement.

Nul ne peut se présenter au concours plus de deux fois.

Le concours d'admission aux Écoles normales primaires comprend deux séries d'épreuves : la première a pour objet d'arrêter la liste d'admissibilité ; la seconde la liste d'admission définitive.

Les épreuves de la première série sont des épreuves écrites au nombre de cinq, savoir : 1° une dictée d'orthographe ; 2° une épreuve d'écriture (une ligne en grosse bâtarde, une ligne en grosse ronde et en cursive, deux lignes en gros, deux en moyen et quatre en fin ; 3° un exercice de composition française, consistant en un récit ou une lettre d'un genre simple, l'explication d'un précepte de morale ou d'éducation, d'un proverbe, d'une maxime, ou d'une question d'instruction morale et civique ; 4° une composition d'arithmétique raisonnée comprenant, outre la solution d'un ou deux problèmes, l'explication d'une règle ; 5° une composition de dessin, consistant en un exercice de dessin à vue d'un genre facile.

Les épreuves de la deuxième série consistent dans :

I. Des interrogations sur : 1° la langue française ; 2° l'arithmétique et le système métrique ; 3° l'histoire de France ; 4° la géographie de la France et des notions de géographie générale ; 5° des notions élémentaires des sciences physiques et naturelles.

II. Les résumés de deux leçons : 1° l'une sur un sujet d'ordre littéraire ; 2° l'autre sur un sujet d'ordre scientifique, faites par des professeurs de l'École. Ces résumés doivent être rédigés en une demi-heure immédiatement après la leçon.

III. Un examen sur le chant et la musique comprenant une interrogation sur les matières du cours supérieur des écoles primaires ; la lecture d'un morceau de solfège facile, et une dictée orale très simple. Il est tenu compte au candidat de l'exécution du chant avec paroles et de la connaissance d'un instrument.

IV. Des exercices de gymnastique compris dans le programme du cours supérieur des écoles primaires et pour les aspirants, des exercices militaires ; pour les aspirantes, des travaux de couture.

La durée des cours d'études est de trois ans, le régime des écoles normales primaires est l'internat. L'internat est gratuit. Ces Écoles peuvent recevoir des demi-pensionnaires et des externes, à titre également gratuit et aux mêmes conditions.

Tous les élèves maîtres et les élèves maîtresses, sans exception, sont tenus de se présenter aux examens du brevet supérieur à la fin du cours d'études.

VERSAILLES.

École Pape-Carpantier.

L'École Pape-Carpantier est destinée à former des directrices d'écoles primaires et maternelles, annexées aux Écoles normales d'institutrices.

Cette École est installée à Versailles et placée sous l'autorité du vice-recteur de l'académie de Paris.

Elle comprend :

1° Des cours spéciaux ;

2° Des exercices communs avec l'École normale d'institutrices de Versailles et avec l'École annexe.

Les élèves suivent aussi l'un des cours de lettres de l'École supérieure de Fontenay-aux-Roses.

Les élèves-maîtresses de l'École Pape-Carpantier peuvent recevoir après examen un certificat de sortie, attestant les aptitudes dont elles ont fait preuve pour les Écoles annexes.

PARIS.

Écoles normales israélites (filles et garçons).

(Voir page 40.)

CHAPITRE V

BEAUX-ARTS ET ARTS APPLIQUÉS A L'INDUSTRIE

PARIS.

LYON.

École nationale des Beaux-Arts.

(Voir page 68.)

ALGER.

École nationale des Beaux-Arts.

L'École nationale des Beaux-Arts d'Alger est instituée en vue de former les jeunes gens et les jeunes filles à la pratique des arts, à l'enseignement du dessin et à l'exercice des industries relevant de l'art. L'enseignement y est gratuit.

Pour être élève de l'École, il faut être Français ; les étrangers peuvent y être admis par autorisation spéciale du Ministre.

Il faut savoir : lire, écrire et calculer.

L'enseignement est divisé pour chacune des sections filles et garçons en première division, deuxième division, division supérieure, cours spéciaux.

Il est institué des bourses au profit des élèves qui se distinguent le plus dans l'École.

AUBUSSON.

École nationale d'art décoratif.

L'École nationale d'art décoratif d'Aubusson comprend une division de jeunes filles et une division de jeunes gens.

L'enseignement y est gratuit ; il comprend :

Le dessin linéaire et géométrique.

Le dessin d'après l'ornement, la figure et la plante.

Les éléments d'architecture, d'anatomie et de composition décorative. En outre des cours spéciaux sont institués en vue de l'application des arts du dessin aux industries locales ; ce sont des cours de tissage, de savonnerie, de mise en carte, de broderie et de chimie tinctoriale.

Pour être admis à l'École, il faut savoir lire, écrire et calculer ; les jeunes filles sont reçues à l'âge de douze ans et les jeunes gens à l'âge de treize ans. Les étrangers y sont admis par autorisation spéciale accordée par le sous-préfet d'Aubusson.

BOURGES.

École nationale des Beaux-Arts.

L'École nationale des Beaux-Arts de Bourges est instituée en vue de former des jeunes gens et des jeunes filles à l'enseignement du dessin ; elle comporte un enseignement spécial aux professions des élèves.

L'enseignement est gratuit. Il comprend :

1° Le dessin linéaire et géométrique.

2° Le dessin d'architecture, les mathématiques, la construction et la perspective.

3° Le dessin d'ornement et de figure.

4° L'architecture.

5° La sculpture.

6° La peinture.

7° La peinture et la sculpture appliquées à la céramique.

8° L'anatomie.

9° L'histoire de l'art.

Pour être élève de l'École et participer aux récompenses qu'elle décerne, il faut justifier de la qualité de Français. Toutefois les étrangers peuvent y être admis par autorisation spéciale du ministre ; mais ils ne peuvent prétendre au prix d'honneur, non plus qu'aux bourses instituées pour les élèves de l'établissement.

Pour être admis à l'École, les élèves doivent avoir au moins dix ans révolus, savoir lire, écrire et calculer.

DIJON.

École nationale des Beaux-Arts.

L'École nationale des Beaux-Arts de Dijon comprend comme enseignement la peinture, le dessin, la sculpture, l'architecture, l'art décoratif, l'art industriel et cours accessoires.

Nul ne peut être admis à cette École s'il n'a dix ans révolus. Les jeunes gens qui se présentent à l'École doivent justifier de leur âge et de leur qualité de Français et, s'ils sont étrangers, de l'autorisation du préfet.

LIMOGES.

École nationale d'art décoratif.

L'École nationale d'art décoratif de Limoges est instituée en vue de former les jeunes gens et les jeunes filles à l'enseignement du dessin et à l'exercice des industries relevant de l'art; elle comporte un enseignement spécial approprié aux professions auxquelles se destinent les élèves.

L'enseignement est gratuit.

Pour être élève à l'École il faut justifier de la qualité de Français. Les étrangers peuvent y être admis par autorisation spéciale du ministre.

Pour être admis à l'École, les jeunes gens doivent avoir treize ans accomplis et les jeunes filles douze ans.

L'enseignement de l'École est divisé pour chacune des sections filles et garçons en division élémentaire, division supérieure, cours spéciaux, ateliers de modelage et de peinture céramique.

Il est institué des bourses au profit des élèves qui se distinguent le plus dans l'École.

NICE.

École nationale d'art décoratif.

Pour être admis à l'École nationale d'art décoratif de Nice, il faut avoir dix ans révolus, être Français ou naturalisé Français.

Les étrangers qui ont reçu l'autorisation du maire peuvent prendre part à tous les cours.

Les élèves de l'École se divisent en deux catégories, les aspirants et les titulaires.

A l'École nationale d'art décoratif des garçons de Nice, est adjointe une École de dessin pour les filles.

Les mêmes règlements régissent les deux Écoles.

ROUBAIX.

École nationale des arts industriels.

Son programme d'études très étendu est approprié aux besoins de l'industrie locale des tissus, qui jouit d'une réputation universelle. Il est à la fois théorique et pratique.

L'enseignement est gratuit.

Nul n'est admis au cours de dessin s'il n'est âgé de neuf ans révolus;

Aux cours de tissage avant quinze ans;

Aux travaux pratiques de remettage avant treize ans;

Aux cours de physique, chimie et manipulations avant quatorze ans;
Aux cours de teinture avant quinze ans.

Les étrangers peuvent entrer s'ils sont munis d'une lettre du représentant de leur nation.

MONTPELLIER, TOULOUSE.

Écoles municipales et régionales des Beaux-Arts.

(Voir pages 77 et 85.)

Ces écoles, qui se rencontrent aussi à Aix, Besançon, Beaune, Bordeaux, Clermont, Grenoble, Marseille, Nancy, Poitiers et Rennes, servent, pour la plupart, d'école préparatoire à l'École des Beaux-Arts de Paris, et donnent l'enseignement des arts du dessin, de la peinture, de la sculpture et de l'architecture. L'enseignement y est gratuit.

CHAPITRE VI

MUSIQUE ET ART DU THÉATRE

PARIS.

Conservatoire national de musique et de déclamation.

(Voir page 29.)

AVIGNON, DIJON, LE HAVRE, LILLE, LYON, NANCY, NANTES, RENNES, TOULOUSE (1).

Succursales du Conservatoire national de musique et de déclamation.

Les aspirants ou aspirantes qui ont fait choix d'une de ces succursales pour leurs études musicales doivent s'adresser au Directeur pour connaître les conditions et formalités à remplir qui varient suivant les localités.

---

(1) En dehors de ces succursales, il existe des écoles nationales de musique à AIX, ANGOULÊME, BAYONNE, BOULOGNE-SUR-MER, CAEN, CETTE, CHAMBÉRY, DIGNE, DOUAI, LE MANS, NÎMES, PERPIGNAN, ROUBAIX, SAINT-ÉTIENNE, SAINT-OMER, TOURS, VALENCIENNES; des Écoles et des Conservatoires municipaux à BESANÇON, MONTPELLIER, etc.; des maîtrises subventionnées à LANGRES, MONTPELLIER, MOULINS, NEVERS, REIMS et RODEZ.

CHAPITRE VII

ART MILITAIRE

PARIS.

LYON.

École de service de santé militaire.

(Voir page 70.)

FONTAINEBLEAU.

École d'application de l'artillerie et du génie.

La durée du séjour à l'École est de deux ans.

L'instruction donnée aux élèves comprend :

L'étude des règlements militaires, les manœuvres d'infanterie, de cavalerie et d'artillerie ;

L'étude de l'artillerie ;

L'art militaire, la fortification passagère ;

L'administration et la législation militaires ;

La fortification permanente, l'attaque et la défense des places ;

La topographie ;

L'application des sciences physiques et chimiques aux arts militaires ;

L'application de la mécanique aux machines ;

L'architecture et les constructions militaires ;

La langue allemande ;

L'hippiatrique et l'équitation ;

Les travaux pratiques des deux armes, l'escrime et la natation.

En plus pour les élèves de l'artillerie :

Des théories sur les manœuvres à pied et à cheval de l'artillerie et le service des bouches à feu ;

Le levé et le tracé des bouches à feu, des affûts et des voitures ;

Des projets de bouches à feu.

Pour les élèves du génie :

Les théories d'infanterie ;

Une étude détaillée de fortification permanente en terrain varié ;

L'étude de l'amélioration d'une place de guerre existante ;

L'exécution des opérations trigonométriques.

SAINT-MAIXENT (Deux-Sèvres).

École d'infanterie.

L'École a pour but de compléter l'instruction militaire des sous-officiers d'infanterie, jugés susceptibles d'être nommés sous-lieutenants.

Les sous-officiers sont admis à la suite d'un concours.

L'enseignement de l'École a pour but de développer les connaissances générales des élèves, afin de leur donner la culture intellectuelle indispensable et de leur faire acquérir l'aptitude professionnelle nécessaire pour bien remplir les fonctions d'officiers de compagnie.

L'instruction est à la fois théorique et pratique.

SAUMUR.

École de cavalerie.

L'École a pour but de perfectionner l'instruction d'un certain nombre de lieutenants de cavalerie et d'artillerie, de lieutenants et sous-lieutenants du génie ; de compléter l'instruction spéciale de l'officier de cavalerie, de former de bons sous-officiers instructeurs et d'initier les aides-vétérinaires stagiaires nouvellement promus au service régimentaire.

La durée des cours est de onze mois.

Pour les officiers d'instruction, l'enseignement roule sur les règlements d'exercices de la cavalerie (en France et à l'étranger), l'équitation, l'hippologie, l'art militaire (y compris la législation militaire) et la tactique appliquée à la cavalerie, la topographie, la fortification passagère, l'artillerie, l'allemand.

Les officiers élèves, sortant de Saint-Cyr, viennent à Saumur perfectionner et compléter leur instruction équestre militaire.

En matière d'enseignement général, ils suivent des cours d'histoire militaire et d'allemand, et s'occupent surtout des applications du service en campagne.

Les sous-officiers, élèves-officiers, reçoivent à l'École une instruction équestre complète, et les connaissances générales et professionnelles exigibles de tout officier. Ils étudient le règlement sur les exercices de la cavalerie et des divers services, l'équitation, le dressage, l'hippologie, l'histoire et la géographie militaires, les sciences appliquées à l'art militaire, l'art militaire et la législation, l'artillerie, la fortification, la topographie et l'allemand.

En plus des aides-vétérinaires, qu'elle initie à la pratique de la médecine vétérinaire et du service régimentaire, l'École reçoit des élèves télégraphistes qui viennent étudier le mouvement des appareils, le service spécial de la télégraphie militaire et apprendre l'exercice du cheval ; des élèves maréchaux, désignés pour faire une étude théorique et pratique du *Manuel de la Maréchalerie.*

Une école de dressage est annexée à l'École.

VERSAILLES.

École des sous-officiers du génie de l'artillerie et du train.

Nul sous-officier du génie, de l'artillerie et du train ne peut être nommé, en temps de paix, au grade de sous-lieutenant, s'il n'a suivi avec succès les cours de cette École et satisfait aux examens de sortie.

L'enseignement comprend une instruction militaire et une instruction générale.

L'instruction est à la fois théorique et pratique.

RAMBOUILLET, MONTREUIL-SUR-MER, SAINT-HIPPOLYTE-DU-FORT, ANDELYS, BILLOM, AUTUN.

Écoles militaires préparatoires.

Il existe six écoles militaires préparatoires, quatre pour l'infanterie, une pour la cavalerie, une pour l'artillerie et le génie. Ces écoles sont établies à Rambouillet (Seine-et-Oise), à Montreuil-sur-Mer (Pas-de-Calais), à Saint-Hippolyte-du-Fort (Gard), aux Andelys (Eure), pour l'infanterie ; à Billom (Puy-de-Dôme), pour l'artillerie et le génie ; à Autun (Saône-et-Loire), pour la cavalerie.

Les écoles de l'infanterie reçoivent des enfants de troupe inscrits sur les contrôles des corps d'infanterie et des sections administratives ; l'école de cavalerie reçoit les enfants de troupe de la cavalerie et des compagnies de remonte ; celle de l'artillerie, les enfants de troupe de l'artillerie, du train des équipages militaires et du génie.

Les enfants de troupe qui entrent dans ces établissements doivent avoir treize ans révolus et moins de quatorze ans au 1er août de l'année de leur admission ; ils restent dans les écoles jusqu'au jour de leur engagement.

Dès l'âge minimum fixé par la loi de recrutement, c'est-à-dire à dix-huit ans, les élèves des écoles préparatoires sont appelés à contracter un engagement volontaire, dont le terme est déterminé par la date de l'expiration légale du service dans l'armée active de la classe à laquelle ils doivent appartenir par l'âge. L'élève engagé entre dans l'armée active comme soldat.

Ne peuvent être admis dans ces écoles que les fils de soldats, caporaux ou brigadiers, sous-officiers, officiers jusqu'au grade de capitaine inclusivement ou assimilés, et d'officiers supérieurs ou assimilés décédés.

Les fils des militaires, non enfants de troupe, sont admis dans les écoles aux mêmes conditions que les autres enfants.

Le ministre de la guerre fixe le nombre des places réservées dans les écoles aux enfants de troupe de la marine. Les conditions d'admission pour ces enfants sont les mêmes que pour les enfants de troupe de l'armée de terre, mais ces enfants sont désignés par le ministre de la marine.

CHAPITRE VIII

ART NAVAL

PARIS.

BREST.

École navale.

Cette École qui est établie en rade de Brest, et qui ressortit au ministère de la marine, est destinée à former des officiers de marine.

Nul n'est admis à l'École navale que par voie de concours. Le concours a lieu chaque année à Paris et dans certains centres d'examens spécialement désignés.

Tout candidat doit justifier qu'il est Français et qu'il n'a pas accompli sa dix-huitième année avant le 1er janvier de l'année du concours. Les conditions d'âge sont de rigueur, il n'est accordé aucune dispense.

La pension annuelle est de 700 francs. Le prix du trousseau est d'environ 1 000 francs, comprenant les livres et objets nécessaires aux études.

Tout candidat doit justifier de la possession du diplôme de bachelier ès lettres, première partie, ou de bachelier ès lettres complet.

Les épreuves pour l'admission consistent en compositions écrites et en examens oraux.

Les candidats sont soumis à une visite médicale; ils sont de plus soumis à des épreuves optométriques et daltoniques. Les candidats reconnus aptes à servir dans la marine sont seuls admis à faire des compositions.

Les compositions écrites pour l'admissibilité comprennent une composition française, un thème anglais (sans dictionnaire), une tête d'après un modèle, des compositions d'arithmétique et d'algèbre, de géométrie et de géométrie analytique, de calcul trigonométrique, de géométrie descriptive. Il est tenu compte du style, de l'orthographe et de l'écriture dans l'appréciation des différentes compositions.

Les examens oraux pour l'admission sont publics, et portent sur l'arithmétique, l'algèbre, la trigonométrie rectiligne, la géométrie, la géométrie descriptive, la géométrie analytique, la physique, la chimie, l'histoire, la géographie, la langue française, la langue latine, la langue anglaise, d'après les programmes désignés par le ministre de la marine.

Toutes les matières du programme sont également obligatoires. La connaissance de la langue allemande est prise en considération.

La durée des cours est de deux années.

Le prix de la pension est de 700 francs.

Celui du trousseau de 1 000 francs environ pour les deux années.

Des bourses ou demi-bourses, trousseaux ou demi-trousseaux, peuvent être accordés par le ministre.

BORDEAUX, BREST, ROCHEFORT, TOULON.

Écoles de médecine et de pharmacie navales.

Les Écoles de médecine et de pharmacie navales qui existent à Bordeaux, Brest, Rochefort et Toulon ont pour but de préparer les étudiants aux diplômes de docteur en médecine ou de pharmacien universitaire de 1re classe, et d'initier, aux connaissances spécialement requises pour le service de la marine, les candidats provenant des facultés et admis avec les diplômes universitaires en qualité d'auxiliaires de 2e classe dans le corps de santé de la marine.

Pour les étudiants en médecine ou en pharmacie le régime de ces Écoles est l'externat. L'enseignement est gratuit. Les étudiants font quatre années d'étude.

Les jeunes gens qui se présentent pour être admis dans les Écoles de médecine navale doivent justifier des deux diplômes de baccalauréat ès lettres et ès sciences restreint, ou de l'enseignement secondaire spécial, pour la médecine; de baccalauréat ès lettres ou ès sciences complet, ou de l'enseignement secondaire spécial pour la pharmacie.

S'ils n'ont pas fait d'études antérieures dans une faculté ou dans une École de médecine ou de pharmacie, ils doivent compter au plus vingt-trois ans d'âge dans le cours de l'année de leur inscription.

Le nombre total de ces étudiants est calculé en vue des nécessités du recrutement.

A la fin de la deuxième année d'études, les étudiants sont admis à concourir dans chaque École pour l'obtention des indemnités annuelles de 1 200 francs. Les jeunes gens, ayant subi avec succès les épreuves de ces concours, sont tenus, pour bénéficier de l'indemnité, de souscrire un engagement de servir dans le corps de l'armée de santé de la marine pendant dix années, à compter de leur nomination au grade de médecin auxiliaire de 2e classe.

Le personnel du service de santé de la marine se recrute par l'admission des docteurs en médecine ou des pharmaciens universitaires de 1re classe, qui sont nommés, sans concours, à l'emploi de médecin ou de pharmacien auxiliaire de 2e classe.

Le candidat à l'emploi de médecin ou de pharmacien auxiliaire de 2e classe doit remplir les conditions suivantes : 1° Être Français ou naturalisé Français; 2° être âgé de moins de vingt-huit ans au moment de son admission, à moins qu'il ne compte assez de services à l'État pour avoir droit à une retraite à cinquante-trois ans; 3° être pourvu du diplôme de docteur en médecine ou du titre de pharmacien universitaire de 1re classe; 4° être reconnu propre au service militaire.

Les médecins et les pharmaciens auxiliaires de 2e classe sont employés à terre en France, dans les hôpitaux de la marine, à la mer ou aux colonies; ils portent l'uniforme et les insignes du grade de médecin ou de pharmacien titulaire de 2e classe.

Après deux années de stage, les médecins et pharmaciens auxiliaires de 2e classe sont nommés par décret au grade de médecin ou de pharmacien titulaire de 2e classe.

Il est compté pour la retraite quatre années de service, à titre d'études préliminaires, aux médecins et pharmaciens admis dans le service de santé de la marine, avec les diplômes de docteur en médecine ou de pharmacien universitaire de 1re classe.

Ces Écoles sont pourvues de bibliothèques, de cabinets d'histoire naturelle, de jardins botaniques, d'amphithéâtres de dissection, de musées d'anatomie, de laboratoires de chimie, de cabinets de physique. Leur régime est l'externat.

AGDE, BASTIA, BORDEAUX, BREST, DUNKERQUE, GRANVILLE, LE HAVRE, MARSEILLE, NANTES, PAIMPOL, SAINT-MALO, SAINT-BRIEUC, LORIENT, ROCHEFORT, SAINT-TROPEZ, TOULON ET SAINT-NAZAIRE.

Écoles d'hydrographie.

Ces Écoles ont pour but de donner aux marins les connaissances scientifiques nécessaires pour l'obtention des brevets de capitaine au long cours et de maître au cabotage. Des Écoles d'hydrographie existent dans les principales villes maritimes.

Pour être admis à suivre les cours d'hydrographie, il faut être âgé de treize ans au moins, savoir lire et écrire, connaître les quatre premières règles de l'arithmétique.

La durée des cours est d'une année; mais les marins peuvent les suivre pendant plusieurs années.

L'enseignement est gratuit.

Le régime de ces Écoles est l'externat.

Il y a deux sortes d'examens pour les brevets de capitaine au long cours et de maître au cabotage : un examen pratique et un examen de théorie.

Pour être admis à subir les examens, il faut être Français ou naturalisé Français, être âgé de vingt-quatre ans accomplis avant le 1er juillet de l'année de l'examen et justifier de soixante mois de navigation effective, accomplis depuis l'âge de seize ans, sous pavillon français. Sur ces soixante mois, les candidats au brevet de capitaine au long cours doivent justifier de trente mois au moins de navigation, soit à bord d'un bâtiment de l'État ayant fait campagne, soit à bord d'un navire de commerce armé au long cours; et les candidats au brevet de maître au cabotage, de trente mois de navigation soit à bord d'un bâtiment de l'État ayant fait campagne, soit à bord d'un navire de commerce armé au long cours ou au cabotage.

L'examen pratique pour le brevet de capitaine au long cours porte sur le gréement, la manœuvre des bâtiments à voiles et à vapeur et des embarcations, le canonnage et l'usage des armes portatives, l'éclairage des bâtiments et les règles internationales pour prévenir les abordages, l'usage des engins de sauvetage. Les candidats, déclarés admissibles à l'examen pratique, reçoivent un certificat d'aptitude pratique qui leur permet de se présenter, pendant trois années à partir de la date dudit certificat, à l'examen de théorie, lequel se compose d'épreuves écrites et d'épreuves orales. Les épreuves écrites comprennent : une composition française, deux séries de calcul conformes aux types adoptés et une série de questions portant sur les connaissances exigées. Les épreuves orales comprennent : les éléments d'arithmétique et les notions élémentaires d'algèbre, la géométrie élémentaire, la trigonométrie rectiligne et la trigonométrie sphérique, des notions élémentaires d'astronomie, la navigation et l'usage des instruments nautiques, des notions élémentaires sur les machines à vapeur et leur application à la navigation.

L'examen pratique pour le brevet de maître au cabotage porte sur le gréement, la manœuvre des bâtiments à voiles et à vapeur et des embarcations, les sondes, les connaissances des fonds, le gisement des terres et écueils, les courants et les marées dans les limites assignées au cabotage et plus particulièrement en ce qui concerne les côtes de France, l'éclairage des bâtiments et les règles internationales pour prévenir les abordages, l'usage des engins de sauvetage. Les candidats déclarés admissibles à l'examen pratique reçoivent un certificat d'aptitude pratique, qui leur permet de se présenter pendant trois années à partir de la date du dit certificat à l'examen de théorie. Les épreuves écrites comprennent : une dictée et deux séries de calcul conformes aux types adoptés. Les épreuves orales portent sur les éléments d'arithmétique pratique, les notions élémentaires de géométrie, des éléments de navigation pratique, des notions élémentaires sur l'emploi des machines à vapeur.

APPENDICE

On lit dans le *Journal des Débats* du 1er février 1891, sur les conditions de la vie matérielle de l'étudiant étranger à Paris, un article qui
se termine ainsi : « Comment vivront-ils et à quel prix ? » Je m'en
suis inquiété aussi. Car il ne faut point partir de chez soi à l'étourdie,
et le temps où l'on croyait à la bohême laborieuse est passé. Voici : la
chambre coûte par mois 35 ou 40 francs en moyenne; il faut ajouter
5 francs pour le service; le blanchissage revient à 10 francs environ;
le chauffage et l'éclairage (pendant les mois d'hiver), à 14 francs; la
nourriture varie : on déjeune à vingt-deux sous et on dîne à vingt-
quatre : les Russes (s'ils sont princes) peuvent aller jusqu'à 2 francs pour
le déjeuner et 2 fr. 50 pour le dîner; il y a des pensions à 90, 100 et
120 francs par mois. Beaucoup d'autres dépenses ne peuvent se compter
qu'à l'année : vêtements, chaussures, chapeaux, linge, livres, cotisation à l'Association des étudiants, où le toit et la lumière sont offerts,
avec des conférences qu'il est possible d'entendre et possible d'éviter.
Bref, avec 250 francs par mois, un étudiant peut mener presque la
grande vie. Et, en instruisant de plus ignorants que lui (il en trouvera
toujours), il peut gagner lui-même au moins la moitié de cette
somme.

Ce que l'écrivain des *Débats* dit de Paris s'applique à plus forte
raison à la Province. Le jeune étudiant qui se rend à Montpellier, à
Lyon ou dans les autres centres d'études y trouve des conditions d'exis-
tence encore plus faciles que dans la capitale. A Lyon un étudiant est
à l'aise avec 200 francs par mois, et à Montpellier avec moins encore.
Là, comme dans la plupart des autres villes de second ordre, une
chambre coûte de 25 à 30 francs par mois, une pension de 70 à 75 francs
et le reste est à l'avenant. A Lyon, à peine si une dépense supplé-
mentaire de 9 à 10 francs pour le logement et la nourriture viennent
grever le budget mensuel. D'ailleurs, il existe déjà dans presque tous
les centres universitaires des correspondants du comité de patronage
de Paris, qui ont pour mission de recevoir les étudiants étrangers et
de leur donner tous les renseignements qui leur sont nécessaires, soit
au point de vue de leur installation matérielle, soit au point de vue de
leurs études.

ASSOCIATIONS D'ÉTUDIANTS.

Il s'est formé, dans tous les centres universitaires, des Associations d'étudiants qui ont pour but de resserrer les liens de solidarité et d'établir un centre de relations amicales et intellectuelles entre tous leurs membres. Parfois magnifiquement installées, comme celle de Montpellier dont le palais construit par les soins de la municipalité s'élève sur une des plus belles promenades de la ville, elles fournissent, moyennant une cotisation mensuelle de 1 à 2 francs, un local confortable pourvu de livres, de revues, de journaux français et étrangers, et elles organisent des cours, des conférences, offrent à leurs adhérents des fêtes, des distractions d'ordres divers, et réalisent également à leur profit des avantages matériels fort appréciables. Non seulement les étudiants qui en font partie bénéficient d'importantes réductions chez tous les fournisseurs et dans les théâtres, non seulement ils trouvent des facilités toutes particulières pour se livrer aux exercices corporels : tir, gymnastique, escrime, ou bien à l'étude des arts d'agrément, mais s'ils sont malades, ils ont le service médical gratuit et les remèdes à prix réduit. Parfois même, ils trouvent à l'association l'argent nécessaire pour continuer ou terminer leurs études.

Les articles 27 et 28, des statuts de celle de Paris, stipulent en effet que des prêts peuvent être consentis et des bourses accordées aux jeunes gens, inscrits depuis trois mois au moins, en cas de maladie, ou d'une perte subite de fortune qui pourrait les mettre dans l'impossibilité de continuer leurs études. Ces prêts sont à échéance indéterminée. L'Association n'a d'autre garantie pour leur remboursement que l'honneur de l'emprunteur et il est juste d'ajouter que cet honneur n'a couru aucun danger, l'institution des prêts ayant jusqu'ici fonctionné sans occasionner le moindre mécompte.

Ces Associations, qui s'administrent elles-mêmes par l'organe d'un comité, se composent de membres actifs, de membres honoraires, de membres perpétuels et de membres fondateurs ; elles publient des bulletins et des annuaires, où se trouvent tous les renseignements qui peuvent intéresser l'étudiant pendant sa vie universitaire.

Les étudiants des Universités étrangères, régulièrement accrédités, reçoivent pour la durée de leur séjour une carte de circulation qui leur donne droit aux avantages offerts aux membres associés.

TABLE DES MATIÈRES

7180-90. — CORBEIL. Imprimerie CRÉTÉ.

CARTE
DE
L'ENSEIGNEMENT SUPÉRIEUR
TECHNIQUE ET SPÉCIAL
avec indication
DES LYCÉES ET COLLÈGES
DE FILLES ET DE GARÇONS

ANGLETERRE
BELGIQUE
ALLEMAGNE
SUISSE
ITALIE
ESPAGNE
MÉDITERRANÉE

Lille
Rouen
Caen
St Brieuc
Rennes
Vannes
Nantes
Angers
Le Mans
Tours
Poitiers
Paris
Reims
Nancy
Dijon
Besançon
Bourges
Nevers
Moulin
Clermont
Limoges
St Etienne
Lyon
Chambéry
Grenoble
Bordeaux
Rodez
Montauban
Toulouse
Montpellier
Marseille
Aix
Avignon
Digne
Nice
Nîmes
Perpignan

Légende
Lycée de garçons
Lycée de filles
Collège de garçons
Collège de filles
Grande centres d'études
Facultés, grands établissements scientifiques
Écoles d'enseignement technique et spécial

CORBEIL. — IMPRIMERIE CRÉTÉ.

www.ingramcontent.com/pod-product-compliance
Lightning Source LLC
Chambersburg PA
CBHW070406090426
42733CB00009B/1552